INTERVENÇÃO NO AMBIENTE ESCOLAR:
ESTIMULAÇÃO VISUAL DE UMA CRIANÇA COM VISÃO SUBNORMAL OU BAIXA VISÃO

FUNDAÇÃO EDITORA DA UNESP

Presidente do Conselho Curador
José Carlos Souza Trindade

Diretor-Presidente
José Castilho Marques Neto

Editor Executivo
Jézio Hernani Bomfim Gutierre

Conselho Editorial Acadêmico
Alberto Ikeda
Antonio Carlos Carrera de Souza
Antonio de Pádua Pithon Cyrino
Benedito Antunes
Isabel Maria F. R. Loureiro
Lígia M. Vettorato Trevisan
Lourdes A. M. dos Santos Pinto
Raul Borges Guimarães
Ruben Aldrovandi
Tânia Regina de Luca

INTERVENÇÃO NO AMBIENTE ESCOLAR:
ESTIMULAÇÃO VISUAL DE UMA CRIANÇA COM VISÃO SUBNORMAL OU BAIXA VISÃO

MARIA JÚLIA CANAZZA DALL'ACQUA

© 2001 Editora UNESP
Direitos de publicação reservados à:
Fundação Editora da UNESP (FEU)
Praça da Sé, 108
01001-900 – São Paulo – SP
Tel.: (0xx11) 3242-7171
Fax: (0xx11) 3242-7172
Home page: www.editora.unesp.br
E-mail: feu@editora.unesp.br

Dados Internacionais de Catalogação na Publicação (CIP)
(Câmara Brasileira do Livro, SP, Brasil)

Dall'Acqua, Maria Júlia Canazza
  Intervenção no ambiente escolar: estimulação visual de uma criança com visão subnormal ou baixa visão/Maria Júlia Canazza Dall'Acqua. – São Paulo: Editora UNESP, 2002. – (PROPP)

  Bibliografia.
  ISBN 85-7139-401-6

  1. Baixa visão em crianças   2. Crianças com deficiência visual – Educação   3. Educação especial   I. Título.   II. Título: Estimulação visual de uma criança com visão subnormal ou baixa visão.   III. Série.

02-3197   CDD-371.911

Índice para catálogo sistemático:
1. Crianças com deficiência visual: Estimulação visual:
Educação especial   371.911
2. Estimulação visual: Crianças com deficiência visual:
Educação especial   371.911

Este livro é publicado pelo projeto *Edição de Textos de Docentes e Pós-Graduados da UNESP* – Pró-Reitoria de Pós-Graduação e Pesquisa da UNESP (PROPP) / Fundação Editora da UNESP (FEU)

Editora afiliada:

Asociación de Editoriales Universitarias
de América Latina y el Caribe

Associação Brasileira de
Editoras Universitárias

Para Vitor Fernando, meu filho.

"Se teu sonho for maior que ti
Alonga as tuas asas
Esgarça os teus medos
Amplia o teu mundo
Dimensiona o infinito
E parte em busca da estrela...

Voa!"

Ivan Lins e Lêda Selma

SUMÁRIO

Prefácio 11

Apresentação 17

Parte I

1 A criança estudada 23
O início do trabalho: circunstâncias e decisão 23
A história da criança e sua vida em família 32
Primeiras conclusões, primeiros objetivos 46

2 A área de estudo 51
Deficiência visual: alguns aspectos sobre
a história de uma trajetória 51
As proposições de Natalie Barraga e o conceito
de visão subnormal ou baixa de visão 70
O conceito de visão subnormal (baixa de visão)
no Brasil e o objetivo do estudo 81

Parte II

3 O início do trabalho na escola 89
Fundamentos teóricos do programa
de estimulação usado como referência 89

A avaliação funcional da visão como ponto
de partida para intervenção 100
Estimulação da visão em sala de aula:
o trabalho conjunto com a professora 111
Uma primeira avaliação global dos
progressos implementados 118

**4 A continuidade do trabalho:
características e resultados 121**

O atendimento individualizado e a estimulação
em sala de aula no decorrer do segundo bimestre 121
As intervenções durante o terceiro bimestre 138
Avaliação das condições visuais de *Alice*, como critério
definidor de procedimentos para o quarto bimestre 155

Conclusão 165

Referências bibliográficas 185

Anexo 191

PREFÁCIO

Para o leigo e mesmo para muitos profissionais da vasta área de Educação Especial, o diagnóstico de uma deficiência visual grave consiste em submeter o paciente a uma série de exames com o uso de aparelhos e, com base nos resultados quantitativos obtidos, fazer a indicação de algum tipo de lente corretiva, quando possível, e dar algum tipo de orientação à pessoa e/ou à família.

O estudo de Maria Júlia – que em boa hora é publicado pela Editora UNESP – mostra que esse diagnóstico envolve muito mais que isso. Na verdade, é um processo demorado e complexo – e sobretudo desafiador – que, de certa forma, lembra o trabalho de um detetive à procura de pistas. Naturalmente, não para decidir quanto à autoria de algum crime, mas para dimensionar com exatidão as características da visão da criança e identificar caminhos para ensiná-la a usar com a máxima eficiência possível os resíduos de visão disponíveis.

Formada em Pedagogia pela Pontifícia Universidade Católica de Campinas, a autora fez seu mestrado e doutorado na Universidade Federal de São Carlos – cursos em que tive o privilégio de orientá-la. No mestrado, no Programa de Pós-Graduação em Educação Especial, desenvolveu um estudo muito interessante (cuja publicação ainda está nos devendo) em que tomou como objeto de investigação científica sua própria atuação como professora de classe especial. No doutorado, enfrentou o desafio de trabalhar com a problemática da deficiência visual – e saiu-se galhardamente da empreitada, como atesta o presente livro.

A autora descreve com rigor científico, mas com clareza e simplicidade, o longo processo pelo qual procurou compreender quais exatamente eram as limitações da visão de *Alice*, uma criança com atraso de desenvolvimento e portadora de deficiência visual severa decorrente de seqüela de toxoplasmose, qual a natureza dos resíduos de visão disponíveis e quais as formas de ajudá-la a utilizar esses resíduos.

O livro apresenta uma revisão das diferentes formas por meio das quais, ao longo da história da humanidade, foram sendo construídas e modificadas as diferentes maneiras de compreender a problemática do deficiente visual.

Acrescenta também uma síntese das proposições e pesquisas pioneiras empreendidas por Natalie Barraga e os fundamentos teóricos do programa de estimulação construído pela mencionada autora, visando ao desenvolvimento da eficiência visual, já que seus princípios básicos foram referência constante na construção por Maria Júlia do programa que aplicou. Os estudos de Barraga, como não ignoram os que trabalham com a problemática da deficiência visual, levaram a uma profunda mudança na compreensão e no atendimento às pessoas com imperfeições graves da visão, mas não totalmente insensíveis à luz, e a uma revisão do próprio conceito de visão como uma função que se aprende e cuja qualidade pode ser melhorada.

A descrição do trabalho de campo propriamente dito tem início com o relato das circunstâncias que marcaram os primeiros contatos com *Alice* – uma criança portadora de severa deficiência visual associada a atraso no desenvolvimento – no Programa para Atendimento a Pessoas com Deficiência Visual, implantado pela autora em uma unidade auxiliar da Faculdade de Ciências e Letras da UNESP, Campus de Araraquara.

Em seguida, como se usasse uma câmara invisível, a autora vai aproximando o leitor do caso de maneira semelhante àquela que caracterizou sua própria aproximação. Inicialmente, somos inteirados de relatos de parentes da criança, de resultados dos exames oftalmológicos e de ortóptica, das observações iniciais da professora que passou a atender a criança em uma classe especial. Depois, já com uma certa visualização da criança e de sua problemática, vamos conhecendo as diversas formas pelas quais esse conhecimento foi sendo ampliado e aprofundado: observações diretas da criança pela pesquisadora, no espaço da escola e no seu ambiente familiar; observações cada vez mais acuradas de como ela usava a visão, dos movimentos dos seus olhos; novas conversas com as pessoas que tomavam conta dela e de como agiam em relação a ela.

Nessa leitura, o leitor vai compreendendo a estratégia usada para caracterizar a natureza do resíduo visual da criança: reunir elementos que permitissem saber como ela via o ambiente, que partes de sua visão poderiam ser capitalizadas para uma visão funcional e, a partir daí, tornar possível definir o que e como estimular visando levá-la a utilizar de forma crescente e cada vez mais eficiente o sentido da visão.

Um deficiente visual não é, no entanto, como lembra a autora, um par de olhos que não enxergam, e sim um ser humano que tem dificuldade para enxergar. Assim sendo, o trabalho não se fixa apenas nos problemas visuais da criança, mas procura observá-la em seu comportamento e atitudes em casa e na escola, nos contatos com a professora e com os colegas, em situações de rotina ou situações especiais, como festas na escola, por exemplo.

Quando os dados de observação parecem não trazer mais informações sobre *Alice*, e ainda há muito a ser descoberto, o trabalho da pesquisadora passa a ser de "intervir para observar", ou seja, estimular a criança a usar a visão, utilizando materiais atraentes e construídos de forma a fornecer informações, e tentar apreender do uso que ela, *Alice*, faz do material a natureza das suas dificuldades e seu potencial.

Uma situação de treinamento mais específico das funções visuais da criança ocorreu em um ambiente individualizado, enquanto em sala de aula, numa experiência conjunta com a professora, as mesmas funções foram também treinadas no contexto das atividades e dos objetivos comuns ao trabalho com toda a classe. A parte mais densa do livro é exatamente a análise gradual e paulatina desse duplo processo de intervenção, com correção de rumos, alteração de objetivos e manutenção das aquisições.

O leitor vai entrando em contato com materiais e procedimentos que foram ajudando a criança a ver e a pesquisadora a entender as características de sua visão e, sobretudo, com os objetivos específicos que nortearam cada etapa do trabalho desenvolvido, em termos do desenvolvimento das várias funções visuais.

É essa a única parte do livro em que o leitor pouco familiarizado com a problemática da deficiência visual talvez tenha de fazer um *rallentando* na sua leitura, ante algumas descrições mais técnicas, e, mesmo, sinta vontade de fazer uma leitura em diagonal, como se costuma dizer, de algumas páginas, passando por alto em detalhes de procedimento.

Pari passu com essa descrição, os resultados são apresentados: as mudanças observadas no uso da função visual pela criança; modificações em vários aspectos de seu comportamento como um todo; constatações surpreendentes como a de que, apesar da severidade da deficiência visual da criança, a família não parece se dar conta disso e – mais surpreendente ainda – que esse desconhecimento parece ter sido benéfico ao desenvolvimento dessa criança.

O leitor pode acompanhar o gradual aumento do interesse visual por parte da criança, transferência de atenção, melhora no comportamento de seguir objetos, fixação mais duradoura, permitindo exploração de detalhes de objetos e pessoas.

Em diversos momentos, o leitor também se defronta com o impacto das condições precárias da família de *Alice*: por exemplo, quando, no início do segundo semestre, após as férias, parece que muito dos ganhos alcançados se perderam, além dos visíveis problemas de higiene e saúde da criança, em razão da falta de recursos e da desestruturação familiar.

Outro ponto forte do texto é a descrição cuidadosa do trabalho de assessoria à professora, de como foi evoluindo o trabalho com a criança em sala de aula, sempre acompanhando o trabalho desenvolvido na situação individualizada e, também, das mudanças constatadas na postura da professora, que passa de um "fazer pela necessidade de fazer" para um fazer baseado no pensar, no refletir a respeito de por que fazer, procurando compreender o objetivo da ação.

Acredito que esse breve relato do que espera o leitor é o suficiente para aguçar o interesse pelo livro, sem tirar o gosto pelas descobertas e pelo aprendizado que a leitura certamente trará.

À autora, parabéns. Ao leitor, que a leitura lhe seja prazerosa e proveitosa, como o foi ao prefaciador!

Prof. Dr. Nivaldo Nale

APRESENTAÇÃO

No início do ano de 1994, instituí e implantei, nas dependências do CEAO[1] um trabalho de pesquisa e de extensão de serviços à comunidade voltado a pessoas com deficiência visual total ou parcial como condição primeira, associada ou não a outros impedimentos, especificamente deficiências mental e física.

Essa iniciativa, denominada "Programa para Atendimento a Pessoas com Deficiência Visual", surgiu com o propósito de tornar possível um conjunto de ações para o desenvolvimento de pesquisas em algumas áreas e frentes, também conduzidas por alunos bolsistas, para gerar subsídios que atendessem à formação continuada ou em serviço de profissionais interessados, bem como oferecer uma modalidade de atendimento inexistente na cidade de Araraquara, mas para a qual havia uma demanda só contemplada quando possível o acesso regular a outros municípios, o que, por si só, restringe significativamente a possibilidade de efetivar-se, especialmente nas camadas sociais mais desfavorecidas.

Embora constituído por subprojetos com diferentes enfoques, o referido Programa tem por objetivo geral possibilitar o desenvolvimento e aprimoramento da eficiência visual se estiver disponível um resíduo que possa ser estimulado, ou das vias sensoriais

---

1 CEAO – Centro de Estudos, Assessoria e Orientação Educativa "Dante Moreira Leite", Unidade Auxiliar da Faculdade de Ciências e Letras, da Universidade Estadual Paulista "Júlio de Mesquita Filho" – UNESP – Campus de Araraquara – SP.

substitutivas se a condição for de redução completa da capacidade de utilização da visão.

Nesse contexto, ocorreram os primeiros contatos com a criança que viria a ser participante do trabalho de pesquisa aqui relatado. Por características singulares essa criança, denominada ficticiamente e daqui por diante de *Alice*, foi escolhida. Em linhas gerais, ela apresentava uma deficiência visual importante, até então não trabalhada. Havia sido classificada como uma criança que necessitava de educação especial pelo fato de também apresentar um quadro moderado de deficiência mental, razão pela qual havia sido matriculada em uma classe especial na rede municipal de ensino de Araraquara, uma cidade de porte médio localizada no interior do Estado de São Paulo.

O trabalho de pesquisa realizado com *Alice* em seu ambiente escolar veio a constituir tese de Doutorado defendida em 1997 no Curso de Pós-Graduação em Educação da Universidade Federal de São Carlos – SP. Foi um período de intenso aprendizado e desenvolvimento pessoal e profissional, só possível graças ao envolvimento de pessoas que me auxiliaram a realizá-lo, de diferentes maneiras.

Registro um agradecimento especial ao Prof. Dr. Nivaldo Nale, orientador, que com extrema competência e dedicação esteve ao meu lado desde a época em que iniciei a Pós-Graduação, ainda no Mestrado. Acompanhando minha trajetória de afirmação profissional, o Prof. Nivaldo propiciou-me as referências necessárias para que eu pudesse concluir este trabalho e, com base nele, dar início a outros.

Esse trabalho também não teria sido possível sem a participação de três pessoas fundamentais: a ortoptista Lydia Marques C. Barbieri, a professora da classe especial de *Alice*, Thaís Zucco Brunetti, e a coordenadora técnica da área de educação especial da prefeitura de Araraquara, Cássia Maria Canato Palombo, minhas amigas, pelas quais tenho grande respeito e apreço pelo trabalho que realizam.

Sou muito grata ainda a todos os meus professores e amigos do Programa de Pós-Graduação em Educação da Ufscar e da Faculdade de Ciências e Letras da UNESP – Campus de Araraquara, em particular às Profas. Dras. Ana M. P. Carvalho, Maria Cristina

B. Stefanini e Silvia Regina R. L. Sigolo, do Departamento de Psicologia da Educação.

Registro também meus agradecimentos a James R. da Motta, secretário do Departamento de Psicologia da Educação pelo competente trabalho de digitação e revisão técnica dos originais, e a Ana Cristina Jorge, bibliotecária da Faculdade de Ciências e Letras/UNESP/Araraquara, responsável pela supervisão final deste.

Agradeço ainda os meus pais, Nelson Dall'Acqua e Elza Canazza Dall'Acqua, pelo que me ensinaram ao longo da vida. Ao meu grande amigo Prof. Dr. Leandro Osni Zaniolo, porque é tão importante ter um amigo... À Juracy Cardoso pelo amor, carinho, compreensão e apoio que tenho recebido e que me são extremamente importantes. Por fim, desejo expressar minha gratidão à *Alice*, uma criança que, como tantas outras, merecia ter tido uma infância melhor...

＃ PARTE I

1 A CRIANÇA ESTUDADA

O INÍCIO DO TRABALHO: CIRCUNSTÂNCIAS E DECISÃO

Conheci *Alice* no momento em que sua visão estava sendo avaliada, primeiro pelo médico oftalmologista, depois por uma ortoptista.[1] Esse encaminhamento havia sido solicitado pela professora da classe especial na qual a menina matriculara-se. Logo no início do ano letivo, seja por observar *Alice* em sua sala de aula, seja pelas informações que lhe foram apresentadas pelos responsáveis, a professora tomou a iniciativa, juntamente com a coordenadora técnica da educação especial do município de Araraquara, de solicitar uma avaliação de suas condições visuais, já que as informações disponíveis eram escassas, esparsas e desatualizadas.

No consultório, nosso primeiro contato foi decisivo para que se concluísse que, além da permanência em sala de aula, *Alice* precisaria também de um apoio específico para o enfrentamento de suas dificuldades de natureza visual que, de maneira integrada, repercutiam em seu desenvolvimento como um todo. Além desse

---

1 Ao médico oftalmologista cabe o diagnóstico do distúrbio visual, e a prescrição de óculos e auxílios ópticos para melhorar o desempenho visual. O ortoptista, profissional paramédico, atua na avaliação clínica, complementar e quantitativa das funções visuais, como acuidade visual (AV), campo visual (CV), visão de cores, sensibilidade ao contraste, e na avaliação funcional da visão das crianças com comprometimento severo. A adaptação dos recursos ópticos, tais como lentes de contacto, óculos, lentes de aumento, lupas e telelupas, é de responsabilidade tanto do médico oftalmologista quanto do ortoptista.

aspecto, vislumbrava-se a importância de propiciar à professora informações minimamente necessárias para que ela, mesmo sem formação específica em deficiência visual, conseguisse propor objetivos e atividades compatíveis com o perfil de desenvolvimento da aluna.

Como coordenadora das atividades de pesquisa e extensão desenvolvidas no Programa para Atendimento a Pessoas com Deficiência Visual da FCL/CEAO/UNESP, apresentei a possibilidade de que, por meio de tal iniciativa, *Alice* fosse acompanhada, o que efetivamente veio a se confirmar em seguida.

As informações que seguem retratam a situação da qual partimos no início do ano letivo de 1994.

A tia que a estava acompanhando relatava que apesar de *Alice* contar, na ocasião, com seis anos de idade, os médicos que a atenderam quando pequena não haviam fornecido nenhum diagnóstico sobre a patologia responsável pela condição que ela apresentava, ou seja, não era de conhecimento das pessoas da família com quem *Alice* morava a causa de sua deficiência visual. Acreditavam, porém, que deveria haver um par de óculos que resolvesse a situação.

Mesmo sendo uma criança empenhada em cooperar, os dados da avaliação inicial ainda não podiam ser conclusivos, pelo fato de *Alice* parecer ter sido muito pouco estimulada. Ela informava mal e de maneira confusa. Portanto, outras sessões de avaliação seriam ainda necessárias para que, efetivamente, pudessem ser obtidas informações mais consistentes.

Ainda que com essa ressalva, do ponto de vista clínico, o exame oftalmológico realizado apontava que a criança seria portadora de uma patologia visual denominada coriorretinite, provavelmente por seqüela de toxoplasmose congênita. O exame de fundo de olho realizado possibilitou detectar que a extensão da área lesionada abrangia desde a mácula[2] (lesão macular) até a região da papila,[3] acarretando também uma atrofia de nervo óptico

---

2 Mácula ou fóvea: região privilegiada da retina, situada no pólo posterior do olho e que fornece a melhor imagem para a acuidade visual.
3 Papila do nervo óptico: disco situado no pólo posterior do olho e correspondente à entrada do nervo óptico e dos vasos retinianos.

(palidez da "cabeça" do nervo óptico). No caso de *Alice*, portanto, a localização da lesão inflamatória cicatrizada deveria implicar alteração de campo visual central (CVC) em ambos os olhos, costumeiramente abreviado AO. Do ponto de vista funcional, alguns poucos aspectos foram passíveis de constatação nessa primeira abordagem, dada a pequena expressividade que a criança apresentava: fala restrita a alguns monossílabos (*qué, não, tó*) em resposta a perguntas simples, ausência de contato visual e presença de forte nistagmo em ambos os olhos (AO). Não foi possível identificar com precisão quanto de visão residual[4] a criança dispunha, mas para visão a distância o máximo deveria estar por volta de 1 m, ao passo que para perto seria de aproximadamente 10 cm. Ficou claro ser muito necessário trabalhar com *Alice* porque ela dispunha de um resíduo bem significativo que não poderia ser desconsiderado, tanto para longe quanto para perto. Talvez o comportamento limitado que se observava fosse bem mais produto de um ambiente doméstico carente de situações estimuladoras do que resultado exclusivamente do problema visual. Ou seja, sua visão residual parecia não ser tão restrita a ponto de condicionar o desempenho que ela mostrava.

Ao ser admitida como aluna de um Centro de Educação e Recreação (CER) da prefeitura de Araraquara – SP, *Alice* teve sua matrícula realizada na modalidade especial de ensino,[5] por ter sido

---

4 Observação: a rigor, visão residual é encontrada, na literatura, para referir-se àquelas pessoas com visão subnormal *adquirida*, para as quais a acuidade e o campo visual tenham sido reduzidos, restando, portanto, a chamada visão residual. As demais pessoas, com visão subnormal *congênita*, não seriam portadoras de um restante de visão, mas disporiam da visão "não normal" que sempre tiveram (Corn, 1989). Embora incluída no grupo dos congênitos, mesmo assim o termo foi empregado para caracterizar a visão de *Alice*, pelo fato de significar, nesse contexto, a visão com a qual a menina podia contar, por ser aquela que lhe estaria disponível ou que lhe restaria, sem, no entanto, tomar como referência um todo anterior que tivesse sido reduzido.

5 A prefeitura de Araraquara mantém um Programa de Educação Especial em funcionamento na rede de Centros de Educação e Recreação, para atendimento de crianças com necessidades educacionais especiais, na faixa etária de 3 a 12 anos.

esse o encaminhamento sugerido após avaliação psicológica, em razão de um déficit significativo e global do desenvolvimento e da capacidade de aprendizagem dessa criança.

As primeiras observações no ambiente escolar ocorreram a partir do quarto dia letivo. As informações provenientes desse período foram significativamente relevantes para compreender o processo empregado por *Alice* ao utilizar-se de sua visão de uma maneira dinâmica, constituindo o que se convencionou denominar "uso funcional da visão".

Observando *Alice* nos três primeiros dias letivos, as impressões iniciais da professora levavam-na a crer que a criança fosse quase cega, em razão de uma dificuldade visual acentuada. Não se sabia, efetivamente, quanto de visão a criança dispunha, se ela estaria vendo, ou não, materiais e pessoas, e até se estaria entendendo o que se falava com ela. Isso porque, na interlocução, o contato visual desempenha um papel fundamental. É ele um dos elementos que fornece o *feedback* segundo o qual inferimos atenção, interesse e compreensão, por exemplo. Uma vez ausente esse contato, e a situação acrescida por movimentos oculares descoordenados e posições atípicas de cabeça, tem-se então uma condição que, dada sua singularidade, geralmente produz nas pessoas uma sensação de ansiedade que pode ser sintetizada pelas palavras da professora: "a pessoa não está te olhando, você não sabe nem o que está se passando".

Assim, a professora ficou se perguntando sobre como trabalhar com essa aluna em sala de aula. Sua hipótese inicial era que, como se tratava de uma criança que enxergava muito pouco, e mal, o procedimento de ensino deveria pautar-se nos mesmos elementos por meio dos quais julgava que um cego pudesse aprender – pela via tátil. Os objetos que eventualmente pudesse ver deveriam ser sempre bem grandes. No entanto, nada ainda começara a ser colocado em prática, mesmo porque a admissão da aluna era muito recente e, nesse momento, o que a professora buscava era, antes de mais nada, criar uma ligação afetiva com os alunos, que é um objetivo importante do período de adaptação.

Portanto, embora a professora se mostrasse receosa diante do novo, estava em busca de auxílio para vencer o que havia classificado como desafio. As condições que mais a preocupavam decorriam da falta de atenção da aluna – uma dispersão que não lhe permitia ater-se a detalhes – e da precariedade na comunicação. Evidentemente, aqui a professora tinha como referencial a forma mais tradicional de comunicação realizada pelas crianças com deficiência mental com que estava habituada a trabalhar, que se centra basicamente na linguagem oral e/ou gestual e no contato visual. Outro aspecto importante é que, se por um lado havíamos discutido teoricamente sobre a existência de uma visão remanescente, também chamada de resíduo visual, e a possibilidade de identificá-lo, por outro, não era ainda uma realidade prática para a professora conceber a visão como uma função passível de treino e de aprimoramento.

Era necessário interpretar o diagnóstico, traduzi-lo em informações que permitissem delinear uma estratégia para obter informações mais detalhadas sobre a natureza do resíduo visual existente. Era primordial reunir elementos que mostrassem como *Alice* via o ambiente para que, com base nessa condição, fosse possível definir o que e como estimular. E essa era uma tarefa cuja responsabilidade estava nas mãos da professora da classe, e que deveria dirigir sua maneira de atuar.

A visão funcional, no entanto, não é apenas um par de olhos dotados de mais ou menos reflexos e funções motoras e perceptivas, nem apenas uma parte do sistema nervoso capaz de fazer a leitura e a interpretação de estímulos luminosos. A visão funcional é o conjunto desses elementos influindo e sendo influenciados por todas as áreas do desenvolvimento (linguagem, cognição, socialização e desenvolvimento motor). Dessa forma, deu-se início a observações do comportamento da aluna tanto em situação envolvendo pequena participação de adultos como também em situações outras nas quais a interação era completa e exclusivamente realizada com a professora ou com a pesquisadora durante um certo período de tempo, mas sempre com a preocupação de situar toda e qualquer resposta em relação às suas demais habilidades.

As primeiras informações nos levavam a compreender que *Alice* usava muito o tato, mas ainda conservava um interesse visual pelo ambiente, que acabava ficando em segundo plano, provavelmente ante a dificuldade de realizar fixação, de ter controle sobre os movimentos voluntários dos olhos e de encontrar no ambiente estímulos capazes de, apesar da patologia, propiciar o desenvolvimento da exploração e da atenção visual, como procurar-se-á elucidar. Suas atividades pareciam conter um propósito apenas imediato e momentâneo, dada a grande variedade e diversidade de objetos com os quais entrava em contato, e a cada um deles não dedicava mais do que poucos segundos. Seu comportamento tinha, igualmente, traços de hiperatividade, o que não significa atribuir-lhe diagnóstico de hiperatividade. Pelo contrário, os traços a que se faz referência sugeriam uma condição atual, porém não necessariamente persistente, mas que denunciavam quão pouco *Alice* havia sido ensinada, e como havia desenvolvido habilidades compensatórias.

Nos primeiros dias de aula, *Alice* permanecia imóvel por muito tempo (10h15min) no lugar onde houvesse sido colocada ou que ela própria tivesse escolhido, mantendo-se encolhida junto a uma parede, às vezes sentada no chão com a cabeça baixa. Aos poucos, e especialmente na sala de jogos, seu tempo de permanência passou a ser gasto com a deambulação. Eventualmente pisava em brinquedos deixados no chão, mas nunca esbarrava ou trombava com pessoas ou móveis, indicando, portanto, que, apesar de a visão ser bem baixa, *Alice* ainda assim a empregava, embora se valesse também das demais informações sensoriais disponíveis e as utilizasse eficientemente. Nesse caso, a reunião de dois fatores poderia estar sendo decisiva. O primeiro deles é que *Alice* parecia não apresentar perda de campo visual periférico, e as células dessa região (bastonetes), provavelmente, estariam, de alguma maneira, preservadas. Quando há uma situação assim, o desempenho da pessoa afetada acaba sendo melhor e mais eficiente do que quando a perda do campo visual é na região central, mesmo que nesse caso a acuidade seja pouco comprometida, porque a essa pessoa só resta a visão tubular que prejudica, e muito, a mobilidade. *Alice*, pelo contrário, tinha uma percepção mais geral do espaço a seu redor. Contando com as células da retina denominadas bastonetes, aparentemente dispunha também de uma visão de contrastes, fundamental para a definição da profundidade e a composição de imagens tridimensionais.

O segundo aspecto que, naquele momento, ainda constituía hipótese a ser verificada era que se, por um lado, o ambiente familiar tinha sido caracterizado por uma estimulação bem pouco planejada e intencional, por outro, teria contribuído para incentivar uma postura mais ativa e de enfrentamento dos problemas cotidianos, justamente por não cercear a criança por meio da superproteção.

Outro aspecto era a predominância da função tátil sobre a visão. Observou-se que *Alice* podia localizar brinquedos grandes até aproximadamente 3 m de distância, mas, ao pegá-los, nada fazia com eles, abandonando-os logo em seguida. A manipulação ocorria desacompanhada do olhar, o que evidenciava o pouco valor atribuído à informação visual ao longo do tempo. Assim, a menina parecia utilizar a visão para localizar objetos, mas não para conhecê-los. Essa era uma função exercida pelo tato e não apenas pelos receptores táteis da pele: receptores táteis existentes na boca eram também utilizados. Observou-se, por exemplo, que, para realizar encaixes, *Alice* colocava o material entre os lábios e fazia o reconhecimento com a língua, procedimento que por certo havia sido reforçado pela eficiência nos resultados. Ou seja, a criança realmente produzia o encaixe seguido pelo movimento de rosca, por exemplo, como se estivesse vendo o que manipulava. Dessa forma, parecia necessário criar condições que gradualmente a ensinassem a usar os olhos; era preciso, então, propiciar situações bastante atraentes visualmente para começar a chamar atenção da própria *Alice* de que um certo material poderia ser visto também com os olhos e que essa experiência poderia ser interessante e prazerosa.

O primeiro objetivo estabelecido foi que o *olhar para* seria incentivado não só verbalmente e por meio de atenção da professora, mas também por intermédio de materiais que pudessem ser vistos, aliados a condições que favorecessem o *ver*. Manipulações desvinculadas não deveriam ser incentivadas.

Nessa fase, embora a criança iniciasse e mantivesse alguns episódios interativos, não fazia contato visual. Rotineiramente a cabeça era mantida voltada para baixo, mas havia também um outro padrão muito freqüente: ela se posicionava com o corpo todo voltado para um dos lados, ficando de perfil para a pessoa à sua frente. Essa postura deveria também ir sendo gradativamente alterada: a professora, ou qualquer outro adulto, deveria sentar-se ou agachar-se, para poder ficar com a face na mesma altura que a da criança e a, no máximo, 30 cm de distância; tocando em seus ombros, o movimento de rotação do corpo deveria ser valorizado, bem como o da cabeça, respeitando, porém, a posição específica da cabeça que a própria criança assumia para que a imagem incidisse no melhor ponto possível de sua retina, apesar da presença da placa de coriorretinite. Faz-se essa ressalva porque, no caso dessa criança, o contato visual nunca seria "olho-no-olho", pois o comportamento de *Alice* parecia indicar a presença de campo visual central alterado.

Faltava definir como deveriam ser os materiais instrucionais e quais as melhores condições para empregá-los. Contudo, informações mais acuradas só seriam viáveis quando *Alice* estivesse interagindo melhor com as pessoas do ambiente escolar e permitisse observar melhor seu desempenho num conjunto de situações, a ponto de ter elementos para caracterizar o uso funcional da visão. Na ocasião, o que ocorria é que ela passava grande parte do tempo separada das pessoas de seu grupo, manipulando objetos ou peças soltas de jogos. Não parecia desejar a presença da professora, nem de outras crianças, ou da pesquisadora. Além da ausência de contato visual, um outro aspecto verificado é que os olhos de *Alice* "dançavam", cada um deles realizando movimentos independentes, porque não havia controle sobre os músculos responsáveis pela movimentação, e as tentativas de fixação desencadeavam um fortíssimo e persistente nistagmo, como ocorre sempre nos casos de visão muito rebaixada. Na tentativa de reduzir tal nistagmo, a criança fazia uma rotação da cabeça por sobre o ombro direito, inclinando-a um pouco, e posicionava o olho esquerdo (OE) bem no canto do quadrante nasal, ao passo que o olho direito (OD) se deslocava para o quadrante temporal. Dessa forma, por alguns poucos segundos *Alice* controlava o nistagmo, mas, pela falta de domínio muscular sobre a situação, as pálpebras voltavam a ficar quase fechadas e assim ela permanecia de cabeça baixa e quieta por períodos prolongados.

Todas essas características foram discutidas com a professora, procurando mostrar-lhe o quanto certos padrões, apesar de impressionarem mal, eram justamente os indicadores iniciais de que a criança tinha um recurso a ser desenvolvido. Assim, a dúvida principal da professora sobre a viabilidade e adequação de se manter a aluna nessa sala de aula foi sendo, gradualmente, objeto de esclarecimento.

Um passo posterior veio logo em seguida, quando a professora passou a *intervir para observar*, como ensina a literatura que aponta as limitações de se fazerem apenas observações quando o trabalho é realizado com crianças portadoras de deficiência visual parcial ou total (Warren, 1984). Ao chamar os alunos, notou que *Alice* voltava a face em direção ao som ouvido. Começou também a atentar para o que, exatamente, a criança fazia no momento em que manipulava um objeto. Entre a manipulação, rápida e inicial, e o momento de levar o objeto, brinquedo ou material à boca, eventualmente *Alice* o trazia para aproximadamente 5 a 10 cm de seu rosto para olhá-lo. Como não ocorresse sempre e não fosse um padrão sistemático, constante e bem definido, poderia passar despercebido. Por isso, era importante alertar a professora de que, tomando-se por base essa condição, a visão de perto seria estimulada.

Objetos pequenos, simples, interessantes e com bom contraste poderiam ser oferecidos à criança, de maneira que ela própria fizesse as aproximações necessárias e os segurasse na posição mais favorável. Isso quer dizer que a professora não deveria segurar o objeto ou figura, porque ao fazê-lo certamente estaria exigindo que *Alice* empreendesse a procura com movimentação da cabeça, sem garantia de localizá-lo. Esse foi um ponto que mereceu orientação.

Um outro aspecto que também começou a ser trabalhado foi aquele que contraria a proposição segundo a qual portadores de deficiência visual devem lidar com objetos grandes, os únicos que seriam capazes de enxergar, mesmo com limitações. Em certos casos, isso até pode ser correto. Para *Alice* e demais crianças que necessitam realizar aproximações em torno de 5 a 10 cm para conseguir enxergar, porém, a condição de serem pequenos é necessária para que possam ser vistos por inteiro: a distâncias maiores, as condições visuais não permitem que a criança possa ver, porque a recepção distal está prejudicada; e a distâncias pequenas, objetos maiores ficariam fora do campo visual, de maneira que essa pessoa teria acesso apenas a partes do estímulo.

Evidentemente, para alguém cujo reconhecimento visual nunca tenha se dado em sua totalidade (síntese), a percepção de partes isoladas (análise) não contribuirá para a formação de uma imagem mental única representativa de um objeto específico e nem favorecerá a consolidação do binômio análise e síntese, de fundamental importância para o desenvolvimento cognitivo. Para complementar essa questão, o que se discutiu foi que, para uma pessoa com visão subnormal, a visibilidade de um certo material não se vincula necessária e exclusivamente ao seu tamanho, mas sim ao contraste presente no próprio material, na relação entre ele (figura) e o espaço sobre o qual se situa (fundo) e o tipo, grau e posição da fonte de iluminação que incide sobre o referido material. Tais afirmações deveriam servir para orientar a escolha de atividades e materiais no decorrer do período de trabalho que estava se iniciando.

A HISTÓRIA DA CRIANÇA E SUA VIDA EM FAMÍLIA

Além das informações iniciais apresentadas na seção anterior, julguei que seria muito enriquecedor buscar dados adicionais e complementares também no ambiente familiar, com o objetivo de compreender *Alice* atuando num contexto mais amplo. Tais informações foram essenciais para analisar o papel dessa dinâmica familiar pregressa e atual sobre a criança como um todo, e seu desempenho visual em particular.

Evidentemente, os dados não foram obtidos de uma única vez. Ocorreram alguns encontros nos quais conversei com diferentes pessoas do círculo familiar de *Alice*, e as informações e comentários apresentados dizem respeito aos acontecimentos que tiveram lugar no período anterior à escolarização de *Alice*. Há dados mais recentes, porém incluídos apenas com o objetivo de situar os fatos e facilitar a compreensão do leitor, pois essas informações serão apresentadas de maneira mais detalhada em outro momento.

A primeira visita à casa da criança aconteceu após o início das aulas, sem que a família tivesse sido previamente avisada. O objetivo era possibilitar que a situação fosse a mais normal possível e que o encontro propiciasse a observação de alguns aspectos do que rotineiramente acontecia em casa.

O horário escolhido foi um final de tarde, período em que as pessoas que trabalham fora já estão voltando.

Localizada num bairro periférico da cidade de Araraquara, a residência de *Alice* tinha numeração, era feita de tijolos, coberta com telhas de barro e já estava acabada (reboco e pintura). A rua era de asfalto, tinha água encanada, esgoto e iluminação. Durante o período em que aguardava ser atendida, pude observar as condições internas do imóvel. As paredes estavam sujas e danificadas, havia lixo, entulho e coisas velhas de diferentes naturezas espalhadas pelo quintal. No jardim, havia mato. Parecia não haver preocupação com segurança, pois as portas e janelas estavam escancaradas, o portão não fechava e permanecia apenas encostado. Portanto, embora a casa não fosse ruim (dava para perceber que, além de uma varanda, havia sala, dois quartos, cozinha e banheiro), a falta de conservação, de higiene e de organização dava impressão de abandono e desleixo.

A primeira pessoa a me atender foi a própria *Alice*, que saiu de dentro da casa empurrando as ferragens de um carrinho de boneca. Estava bastante suja, descalça e só de *shorts*. Parada no meio da varanda, a aproximadamente 4,5 m de distância, *Alice* esperou. Conversei com ela, falei quem era eu, da escola, da professora e pedi que ela viesse até o portão, mas *Alice* só modificou sua posição quando duas pessoas, que depois se identificaram como seu avô e sua tia, vieram com ela até a calçada. Visualmente não havia mesmo nenhuma possibilidade de que eu houvesse sido reconhecida de início, pelo fato de que a distância que me separava de *Alice* era grande, e porque o sol que já era poente incidia pelas minhas costas. Quando nos aproximamos, *Alice* manteve ainda uma distância de mais ou menos 2 m de mim. Não verbalizou, não fez nenhum gesto de aproximação nem quando solicitada, e assim permaneceu, em pé, fazendo as mesmas movimentações de cabeça e com os olhos, tal como observado na sala de aula.

O avô, idoso, ficou amparado no muro por estar com uma das pernas engessada. A tia era jovem, aparentando ter menos de vinte anos. Nossa conversa aconteceu na própria calçada e, nesse momento inicial, expus a razão da minha visita: conhecer melhor *Alice*, para poder ajudá-la mais na escola. Disse também que, além das aulas que ela teria, eu iria me responsabilizar por dar exercícios para melhorar a visão, juntamente com a professora. A linguagem usada foi bem simples e me ative ao essencial. Cabe salientar que não apliquei nenhum questionário e que, nesse momento, também não usei caderno para anotações e nem gravador. Mas, para dirigir a conversa e poder torná-la mais produtiva, foram estabelecidos três assuntos principais: o primeiro deles, mais ameno, visava saber se *Alice* estava gostando da escola e por quê, ou seja, quais eram os indicadores levados em consideração para justificar a opinião dela. Havia também o objetivo de levantar informações sobre possíveis mudanças no comportamento de *Alice* após sua entrada na escola e, como último assunto, começar a conhecer a vida da criança em casa, atualmente e nos anos anteriores. A conversa transcorreu de maneira tranqüila, sem resistências nem constrangimentos, porém todas as informações foram muito sintéticas, simples, dando a impressão, até, de que para eles a maneira de ser de *Alice* era assim porque era, sem maiores questionamentos sobre as razões que a levavam a agir dessa ou daquela maneira.

Foi o avô quem forneceu a maior parte das informações. As observações da tia vieram mais com o propósito de complementar o que já havia sido falado. Na opinião deles, *Alice* adorava a escola, ia de boa vontade, reclamava quando chegava o final de semana e a perua escolar não passava para pegá-la. Disseram que ela havia melhorado muito desde que passou a freqüentar o CER, denominado por eles de "creche", mas não tentaram explicitar a natureza dessa melhora. Interrogado por mim sobre isso, o avô relatou que ela estava conversando mais. Porém, logo começaram a reclamar das "artes" que ela aprontava em casa: "é uma menina que *reina*[6] muito", escondendo chaves, coisas, brigando com os

---

6 Reinar – palavra empregada com o sentido de "fazer travessuras, travessear, traquinar" (Ferreira, A. B. O. *Novo dicionário da língua portuguesa*. Rio de Janeiro: Nova Fronteira, 1988, p.560).

primos menores, desobedecendo, xingando e indo para a rua. Como é uma menina muito "levada", "apanha para ver se fica com um pouco de medo", mas o avô acha que o resultado é momentâneo. Serve apenas para aquela situação. Depois fica tudo do mesmo jeito. Volta a fazer suas travessuras, "porque é de sua natureza".

Ante essas observações fiquei bastante surpresa com o fato de que a deficiência visual parecia não existir para eles. Não havia maiores referências espontâneas a essa condição. Apenas quando comentei sobre a dificuldade nos olhos, "o problema na vista" (como popularmente as pessoas referem-se a anormalidades *na* ou *da* visão) *versus* a possibilidade de *Alice* realizar todas aquelas coisas que eles me relatavam, foi que notei que a surpresa agora era deles. "Por quê, não pode fazer não?", perguntou-me o avô.

Havia aí uma situação curiosa que ainda não me era possível compreender totalmente. *Alice* era uma criança que, sob certos aspectos, parecia estar se beneficiando do desconhecimento da família sobre as suas condições e reais dificuldades visuais. Se por um lado ela não havia recebido ensinamentos, orientações e apoio, por outro, ela também não estava sendo submetida a restrições de diferentes naturezas.

Durante a conversa, sem dizer nada, a menina saiu correndo e entrou num terreno baldio. A tia, sem demonstrar temor ou preocupação com a segurança de *Alice*, disse que ela tinha ido brincar, e que fazia isso com muita freqüência. Ela saiu sem supervisão de ninguém, sem pedir, nem informar. Os parentes relataram que ela se desloca pelas imediações da casa, até mesmo atravessando ruas. Não notei, por parte deles, nenhuma surpresa ou espanto com o fato de *Alice* realizar tudo que vinha sendo relatado, com a visão de que dispunha. Concluí que por não haver uma idéia mais ou menos delineada sobre quais seriam as características da visão da criança, o que ela fazia era aceito como normal, sem nada de extraordinário. Independentemente das estratégias utilizadas para resolver os problemas do cotidiano e aprender, para aquelas pessoas o que importava é que *Alice* executasse as atividades rotineiras da casa. Sob esse aspecto, pareceu-me haver até um bom nível de eficiência dela junto a esse meio familiar muito pouco diretivo, organizado e exigente.

Com relação à escola, avô e tia sabiam que ela estava começando a freqüentar a "creche", mas não demonstravam saber nada mais que isso a respeito do assunto, nem mesmo no que concerne ao fato de que *Alice* fora admitida como aluna de classe especial. A interpretação do avô era de que sua neta era muito "esperta e inteligente", segundo termos usados por ele mesmo. Apenas nesse momento houve menção à deficiência visual, quando o avô ponderou que para ser capaz de fazer tantas artes, apesar da condição de seus olhos, *Alice* deveria ser mesmo muito inteligente!!!

Tentei também conduzir nossa conversa para fatos acontecidos na história pregressa da criança, mas não obtive muitas informações. Avô e tia alegavam que não sabiam ou já não se lembravam mais muito bem. Relataram que *Alice* não estivera sempre com eles nos cinco últimos anos e, quando esteve, ficou sob a responsabilidade da avó materna, falecida recentemente, na época da visita.

Em termos de organização da moradia, apurei que havia uma divisão da casa para poder comportar duas famílias. Na parte da frente e à direita, moravam o avô, a tia de dezenove anos, um tio de vinte e dois e *Alice*. Na parte dos fundos e com entrada lateral à esquerda, residiam um casal de tios e três filhos menores de seis anos.

Segundo os informantes, *Alice* era cuidada por eles, mas, recentemente, essa tia que morava ao lado é que havia assumido as tarefas de procurar escola para a criança e conseguir que todos os exames médicos e encaminhamentos pedidos fossem realizados. Sugeriram também que, se eu desejasse mais informações, deveria solicitar-lhe. Para efeito de identificação no relato que virá a seguir, essa tia será denominada R.

Passado um mês, voltei à casa de *Alice* para outra visita. Fui atendida pelo tio. Segundo ele, *Alice* estava brincando na rua, não sabia dizer onde, e não havia mais ninguém em casa.

Ao me apresentar, precisei explicar novamente a razão de minha presença ali, pois ele não tinha conhecimento da visita realizada anteriormente. Como na vez anterior, conversamos na calçada, ele no lado de dentro do muro e eu na calçada.

Pedi ao tio autorização para fazer anotações no caderno durante nossa conversa, e ele consentiu. Dessa vez, procurei começar enfocando logo os primeiros anos de vida de *Alice*. Solicitei, então, que ele me contasse o que sabia e ele realmente contou alguns fatos interessantes. À medida que a história foi se apresentando, surgiram várias perguntas de minha parte, às quais ele, tendo o conhecimento, não se negou a responder.

Alice teria nascido em uma cidade menor, a cerca de 60 km de Araraquara. Das três filhas do casal era a mais velha, mas dessa época o tio não sabia quase nada porque não estavam morando na mesma cidade. Seu relacionamento com a menina tem início quando sua mãe deixa o interior e vai se juntar ao restante da família em São Paulo. Nessa época, Alice estava com oito meses de idade. O problema visual havia sido detectado desde o nascimento, mas, para os familiares, a etiologia permanecia desconhecida. O tio relatou também que um certo médico, talvez pediatra, talvez oftalmologista, teria falado a essa família que nada havia a ser feito, a não ser aguardar um possível tratamento ou, quem sabe, esperar que, com o passar do tempo, os olhos ficassem normais por si mesmos.

Até os dois anos, Alice viveu na cidade de São Paulo. Em casa, praticamente, permaneciam apenas ela e sua avó, porque as outras pessoas, segundo ele, trabalhavam durante o dia e chegavam tarde, ou havia aqueles que depois do serviço iam para a escola. A mãe de Alice, embora ainda estivesse residindo na mesma casa, já havia abandonado a menina, que não era desejada desde a gravidez. Em razão de ausências muito freqüentes, e por vezes prolongadas da mãe, a avó da criança era quem realmente lhe dispensava os cuidados básicos. Não consegui obter mais informações sobre as razões que levavam a mãe de Alice a ser tão ausente e qual era o tipo de vínculo existente entre a menina e sua avó.

Quando a criança tinha aproximadamente três anos, a família mudou-se para Araraquara. Alice veio com eles, mas sua mãe continuou morando em São Paulo.

Sobre seu desenvolvimento, consegui obter informações importantes para tentar compreender como a família da criança entendia suas dificuldades e como se posicionava diante delas. Como mencionado anteriormente, embora a deficiência visual já tivesse sido detectada desde o nascimento pelo médico, e posteriormente confirmada pela família porque Alice "olhava torto", segundo expressão usada pelo tio, eles ainda não haviam se dado conta de que ela pudesse apresentar uma dificuldade mais generalizada para aprender. Essa constatação começou a ocorrer naquele período em que praticamente toda família percebe um atraso no desenvolvimento, se uma criança demora para andar e/ou falar. Pelas lembranças de seu tio, *Alice* andou com mais ou menos três anos e começou a falar com quatro, de maneira incompreensível, muito "enrolada" segundo ele. É, portanto, só em Araraquara que se percebe que *Alice*, efetivamente, tem um "problema", mas para o qual a única conduta que se adotou foi a prescrição de óculos e uso de tampão, recursos que a deixavam muito nervosa, especialmente a oclusão alternada dos olhos. Sobre esse aspecto, cabe lembrar que, no caso de *Alice*, segundo se depreende das avaliações dos especialistas, nenhum dos dois procedimentos é indicado, de maneira que na ocasião ela teria sido submetida a um "sacrifício" desnecessário. Como a impressão dos familiares era que os óculos "não adiantavam muito", quando eles se quebravam não eram prontamente consertados ou substituídos. Foi também suprimido o uso do tampão. Portanto, até a idade de seis anos, as experiências pelas quais *Alice* passou não foram planejadas pelas pessoas e nem tiveram o objetivo de dispor condições que favorecessem a aprendizagem. A própria criança, com os pouquíssimos recursos materiais de que dispunha, selecionou no ambiente familiar estímulos dotados de alguma afinidade com aqueles que a literatura destaca como mais interessantes visualmente. Em seus estudos, Robert Fantz, um psicólogo americano, identificou que mesmo os bebês têm capacidade de perceber formas diferentes e que possuem "uma nítida preferência por formas complexas como círculos concêntricos e xadrez. As menos preferidas são superfícies lisas e homogêneas" (Simões & Tiedemann, 1985, p.66).

Por volta dos três anos, quando começou a andar, *Alice* começou também a brincar sozinha de maneira mais organizada e sistemática, sempre com crianças mais novas que ela, embora não me tenha sido possível apurar se por falta de opção na escolha de outras crianças ou se por opção dela mesma de se relacionar preferencialmente com crianças pequenas, o que pareceu ser a hipótese mais correta.

Eram dois os "brinquedos" utilizados pela menina. Seus familiares compravam-lhe, com freqüência, saquinhos contendo bexigas coloridas que, depois de cheias, eram entregues a *Alice*. Sentada no chão, no meio dessas bexigas, ela passava muito tempo "mexendo" com elas. Seu tio não soube descrever de que maneira *Alice* brincava. O que me relatou foi que forneciam as bexigas porque ela se ocupava, manipulando-as. Disse também achar que a criança via o que estava fazendo.

Além das bexigas, *Alice* "brincava" também com um tabuleiro de damas, denominado pelo tipo de "quadradão". Evidentemente, o interesse da criança pelo material não era por suas possibilidades manipulativas, mas pelo fato de o estímulo xadrez (branco e preto) ser muito atraente visualmente, chamando atenção até de bebês, como já citado anteriormente.

Embora com menos intensidade, *Alice* também demonstrava interesse pelas peças de um jogo de dominó, que dispunha no chão de diferentes maneiras. Portanto, embora as opções de materiais com que brincar não devessem ser muitas, a criança provavelmente selecionava aqueles que apresentavam determinadas características que os tornavam estimulantes visualmente, muito provavelmente com o objetivo de oferecer a si mesma uma estimulação que não conseguia obter facilmente no ambiente. Isso é bastante interessante, porque suscita uma reflexão acerca da possível vontade de utilizar a visão que a criança demonstrava quando tinha de três para quatro anos, e a situação vivenciada no momento da coleta de dados, quando a visão já havia assumido um caráter de subordinação ao tato e aos movimentos, especialmente da mão.

Segundo seu tio, *Alice* gostava de ver televisão, embora não soubesse dizer se ela realmente assistia – ela "ficava vendo". O avô, porém, havia relatado que ela demonstrava um completo desinteresse pela atividade. Assim, durante conversas com familiares foram surgindo opiniões e descrições contraditórias sobre a criança e suas possibilidades. Tais contradições não ocorriam apenas entre pessoas diferentes, mas surgiam na condução do raciocínio de uma mesma pessoa. O tio com quem conversávamos, por exemplo, ora parecia crer que sua sobrinha enxergava, até de uma forma bastante similar a pessoas sem problemas visuais, ora parecia compartilhar também da opinião de que ela seria portadora de um comprometimento muito acentuado. Analisando as ocasiões e situações nas quais um tipo de verbalização se sobrepunha a outro, foi possível perceber que "emergia" uma concepção mais centrada na condição orgânica quando o informante fazia referência a uma *Alice* estática, que possuía um "problema de nascença" e que "olhava de lado". Aliás, sobre isso cabe esclarecer que suas convicções eram de que a criança poderia melhorar, aprender mais, exceto num único aspecto que permaneceria inalterado. Para ele, a visão, não sendo boa desde o nascimento, seria irrecuperável.

No entanto, ao fazer referência à menina em ação no ambiente, seu tio empregava expressões como: "ela enxerga, ela vê". *Alice* andava dois quarteirões e ia sozinha à casa de uma prima, desviava de objetos e pessoas, brincava, fazia traquinagens, ações que só poderiam ser realizadas por meio da visão, segundo ele. O aspecto mais interessante de sua fala, porém, foi quando lhe perguntei sobre como ele achava que *Alice* havia aprendido as coisas que sabia fazer, tais como trocar roupas, comer, tomar banho, empregar utensílios e artefatos, por exemplo. A resposta, até em tom um pouco surpreso, foi de que ninguém a havia ensinado diferenciadamente a fazer as coisas que são próprias do cotidiano. Os adultos faziam para si mesmos e ela os imitava, reproduzia os modelos que davam.

Assim, mesmo sendo portadora de uma redução da acuidade visual que, segundo classificação da Organização Mundial de Saúde (OMS), situa-se no nível severo, no ambiente familiar as exigências às quais *Alice* devia atender eram as mesmas feitas a qualquer criança. Os mecanismos de adequação às situações, por ela desenvolvidos, não eram valorizados como tal. Mas, em contrapartida, os fracassos e as dificuldades eram severamente punidos, especialmente com castigos físicos. Sobre esse aspecto, os relatos do informante mostraram com toda clareza que grande parte das ações da menina, entendidas como "arte", "malandragem" e "má-criação", era, na verdade, a maneira que *Alice* havia encontrado de reagir a todo um conjunto de situações agressivas dirigidas a ela. Ao mesmo tempo em que o "ensinar a fazer" era negligenciado, o "fazer pronto" era obrigação. A criança, então, corria, escondia-se, falava palavrões e atirava pedras, tendo como alvos sua própria casa e seus parentes. Por essas razões, o tio achava que a sobrinha precisava ser "corrigida", mesmo que para tanto tivesse de apanhar com freqüência.

Segundo o tio, depois que começou a freqüentar a escola, *Alice* ia para casa e "picava" papéis por todo lado, sendo punida com rigor por causa dessa "mania". Ocorre que tal mania, que ninguém sabia de onde vinha, como o tio mesmo me disse, era uma reprodução do picado que a professora começava a trabalhar com a classe em termos de recorte. Por meio desse exemplo simples, é possível compreender as dificuldades encontradas pela criança no convívio com seus familiares.

Quando estávamos terminando nossa conversa, *Alice* chegou em casa. Dessa vez, ela parou a aproximadamente 2 m de distância de mim, e sorriu quando conversei com ela. Foi possível perceber também que a *fixação*[7] *do olhar* em ambiente natural já era diferente em relação ao padrão observado quando começou a freqüentar o Centro de Educação e Recreação, quando essa fixação era praticamente inexistente, por ser muito breve.

Após os dois primeiros contatos em que estiveram presentes familiares do sexo masculino, todos os demais tiveram como interlocutor a tia R. Foi ela a pessoa que efetivamente contribuiu com o maior número de informações, e cujas atitudes foram fundamentais para que fosse possível compor um quadro de referência capaz de situar o papel que uma criança com deficiência desempenha no contexto de um certo grupo social.

Conversando com R, que justificava seu pouco envolvimento com a sobrinha pelo fato de trabalhar fora e ter três filhos pequenos, pude gradativamente ir percebendo que essas eram as razões que ela explicitava logo de imediato. Havia outras, provavelmente muito mais relevantes. A mãe de *Alice* era filha de criação e, portanto, irmã ilegítima do marido de R. Por essa razão, R achava-se desobrigada de assumir uma criança da família do marido que em

---

7 Fixação: "alinhamento do olho no objeto a ser fixado. Esta fixação é tarefa da mácula (fixação central). Pode ser feita por um outro ponto em caso de estrabismo com ambliopia profunda: fala-se de fixação excêntrica" (Hugonnier-Clayette et al., 1989, p.99).

casa só lhe causava transtornos, aborrecimentos, não obedecia e era agressiva quando lhe exigiam o cumprimento de alguns procedimentos, que compunham regras da casa, segundo relatos dela própria. Aliás, em todos os atendimentos iniciais pelos quais *Alice* passou, R deixou registrado que, para ela, a menina era um estorvo. O que essa tia estava fazendo pela sobrinha era tentar encontrar uma escola na qual permanecesse parte do dia, o que lhe parecia melhor do que ficar "na rua, no meio da molecada". Além dessa provável preocupação com o bem-estar de *Alice*, pareceu-me estar embutido o desejo de mantê-la afastada de casa pelo menos por um período.

Cabe colocar que o posicionamento da tia R em relação à sobrinha oscilava, dependendo da situação. Ela poderia, realmente, assumir a responsabilidade por sua educação, mas não o fazia porque *Alice* morava com "eles", termo usado para se referir ao avô, à tia e ao tio que residiam na parte da frente da casa. "Eles" não cuidavam, "eles" batiam, judiavam, não davam comida direito... Contudo, entre ela e "eles" havia apenas um guarda-roupa como divisória... Sobre esse assunto há ainda um aspecto a ser considerado. Como já relatado anteriormente, para sua família, *Alice* era assim "porque tinha nascido assim", e quando se nasce com um problema ele é duradouro, e todas as ações ao longo da vida passam a ser uma expressão, um reflexo das características congênitas. Mas a agressividade – o ser "nervosa" –, como diziam que era em casa, sua tia explicava como uma reação à hostilidade dos demais adultos, excetuando ela própria. Curiosamente, a responsabilidade por esse tipo de comportamento, em particular, era atribuído ao ambiente social.

A conversa mais longa que mantive com R ocorreu já em meados do ano letivo. Nesse dia, a condição era de que o encontro fosse realizado bem cedo, antes que ela fosse para o serviço. Assim, quando cheguei, todos dormiam, mas, segundo R, era preferível que fosse assim, porque ela não gostaria que alguém a encontrasse relatando fatos pertinentes à situação familiar. Sem entender as razões pelas quais havia tanta preocupação com discrição, esclareci a importância de que ela se sentisse à vontade para relatar apenas o que desejasse, segura quanto à não-identificação das pessoas envolvidas, e que as informações, de caráter sigiloso, seriam preservadas. Aparentemente mais "desarmada", R disse ter pensado que eu fosse uma pessoa do Fórum ou do Conselho Tutelar. Aos poucos, fui compreendendo que seus temores residiam no fato de que *Alice* sofrera maus-tratos, aplicados especialmente pela avó paterna, sogra de R, mas que não haviam cessado com sua morte. Como me relatou o avô, a própria tia, que agora se eximia de responsabilidade, também recorria à violência física.

Alice havia apanhado para tudo. Para aprender a andar, a falar e especialmente para conseguir o controle de esfíncteres, o que ocorreu apenas por volta dos cinco anos de idade. Segundo R, as surras aplicadas na criança cada vez que se sujava eram memoráveis. Suas dificuldades eram interpretadas como sinal de "malandragem". Porém, como se pôde observar no âmbito do CER, realmente *Alice* não mais urinava nem defecava nas roupas, mas não tinha sido ensinada a ter cuidados de higiene ao usar o banheiro. Não utilizava papel higiênico nem mesmo quando estava sem calcinha e não lavava as mãos. Por essa situação, é possível entender o processo de "gestação" de todo um conjunto de comportamentos classificados na escola como inadequados, mas facilmente justificáveis pelas deficiências, tanto mental como visual da aluna.

Alice foi a primeira filha de um casal que posteriormente teve mais duas meninas, a respeito de quem R não tinha maiores informações. Sabia-se apenas que estariam morando com a mãe numa favela da periferia de São Paulo. O pai, traficante de drogas e toxicômano, havia morrido em decorrência da Aids há cerca de um ano do período de coleta de dados. A mãe já havia manifestado a doença, mas R não sabia relatar qual era o estado de saúde dela e das filhas, na ocasião.

Alice nasceu depois de uma gestação bastante turbulenta. A mãe, usuária de drogas, pouco se cuidou durante o período. Não fez pré-natal e tentou aborto. Por ter adotado um estilo de vida que conflitava com as concepções de sua família, enfrentou pressões de toda ordem. Passava dias fora de casa e, quando retornava, em meio às brigas, geralmente apanhava dos pais, em especial da mãe, uma pessoa qualificada como muito violenta. Pode-se perceber, portanto, que essa gravidez não era desejada por ninguém, desde o início. Já havia rejeição antes mesmo de se constatar que *Alice* nascera com problemas. Segundo R, a condição de portadora de deficiência não teria sido a causa do abandono, mas sim o encargo e o grau de responsabilidade que essa criança iria representar para uma mãe cujos hábitos, irregulares, eram incompatíveis com a disponibilidade de tempo e com a dedicação que são necessários quando se cuida de um bebê.

Uma vez definido que a mãe de *Alice* não tinha "juízo" suficiente para cuidar da filha, a avó assumiu por completo esse encargo. Todos os parentes achavam a criança "estranha", sabiam que havia uma dificuldade evidente, mas não tinham maiores informações sobre a natureza do problema.

Como já apontado anteriormente, *Alice* andou com aproximadamente três anos de idade. Começou a falar mais tarde ainda, mas a informante não se lembrava, exatamente, com quantos anos. E, assim, a menina foi crescendo, sem diagnóstico, sem intervenção, não estimulada pelas pessoas que conviviam com ela, e deparando com as limitações impostas por seu ambiente.

Nos últimos anos de sua vida, a avó de *Alice* ainda trabalhou no corte de cana. Nesses períodos de safra, a menina ia com ela e, solta pelo canavial, tirava quando queria o tampão, que lhe havia sido indicado pelo médico, mas que nunca chegou a ser usado efetivamente. A prescrição de óculos, aliada ao uso de tampão foi, até seis anos de idade, o único recurso propiciado à criança com o propósito de favorecer seu desenvolvimento.

Com a morte da avó, a família, de certa forma, desagregou-se, pois, embora ela tivesse sido uma pessoa com quem os relacionamentos eram difíceis, mesmo assim constituía um eixo central em torno do qual toda a vida familiar se articulava. Para R, apesar de tudo, da agressividade com que a avó tratava *Alice*, ante a natureza do vínculo existente entre avó e neta, quando faleceu, a criança perdeu a única pessoa com quem interagia de forma mais constante e contínua e de quem recebia algum tipo de atenção. A despeito dos maus-tratos e da falta de carinho, a avó era a pessoa responsável pela criança. Quando isso deixou de existir, o que se instalou foi um típico "jogo de empurra" de responsabilidades, muito explícito tanto nas ações quanto nas verbalizações dos familiares.

Analisando um pouco os fatos até aqui apresentados, foi-me possível supor que a origem da rejeição vivida por *Alice* no ambiente familiar residisse, primordialmente, na ignorância das pessoas em relação às seqüelas de uma toxoplasmose congênita, de grandes proporções, provavelmente ocorrida na fase inicial de sua gestação. Uma deficiência mental moderada não era levada em consideração. A deficiência visual era o eixo em torno do qual girava toda a problemática envolvendo a criança. No entanto, pelo fato da mobilidade de *Alice*, que lhe possibilitava encontrar lugares, coisas e pessoas, essa mesma deficiência visual era minimizada, dependendo das circunstâncias pertinentes a certas situações. As dificuldades eram compreendidas como "manha" ou fingimento: "se ela anda, ela deve ver. E se vê, então não tem tanto problema assim", disse-me sua tia.

Percebi, porém, um outro aspecto que me chamou atenção. Quando conversamos, *Alice* já havia sido submetida a uma avaliação psicológica, ocasião em que a profissional responsável pela aplicação dos instrumentos concluiu que a menina havia sido muito pouco estimulada e de maneira pouco eficiente, e explicitou suas conclusões a R. Perguntei-lhe qual era sua opinião a esse respeito e ela me disse concordar plenamente. O abandono teria gerado toda a carência que se percebia, mas ela ainda poderia aprender se alguém se interessasse por ela, dizia a tia. Mesmo em relação à agressividade que se apresentava apenas no ambiente doméstico, R afirmava que *Alice* não havia sido ensinada a ser de outra maneira. As ações dos familiares, no entanto, denotavam uma enorme resistência quanto a procurar entender, compreender quais eram os determinantes dos comportamentos observados.

Finalizando, R disse esperar que na escola *Alice* pudesse aprender a ser uma criança melhor, conseguindo compartilhar seus brinquedos, mas que até aquele momento havia observado apenas que ela estava falando mais e conseguindo "remedar" os adultos, expressão usada para se referir a tentativas da criança de imitar, de copiar ações, mas avaliadas com uma conotação negativa, pelo fato de essas tentativas terem sido entendidas como mais uma brincadeira de *Alice*, dessa vez procurando ridicularizar as pessoas por meio de imitação.

Assim, reconstituindo alguns aspectos da história de vida de *Alice* com base em observações iniciais e relatos de seus familiares, foi possível compreender melhor um conjunto de circunstâncias passadas que, obviamente, constituíam a essência do desenvolvimento e da maneira de agir dessa criança. Embora tais informações não tenham sido usadas para instituir nenhuma forma de orientação à família no que diz respeito à condução do trabalho, na escola elas foram muito úteis porque, valendo-se delas, pôde-se elucidar com muito maior clareza a natureza do funcionamento visual tal como se apresentava na época.

PRIMEIRAS CONCLUSÕES, PRIMEIROS OBJETIVOS

Findas duas semanas de aula, o relacionamento com *Alice* começou a ficar mais fácil. Apareceram alguns sorrisos e algumas palavras, contudo sem que ela mesma, por sua própria iniciativa, iniciasse um episódio interativo. Ainda assim, ela parecia preferir ficar mais tempo manuseando objetos a brincar com seus colegas. Além disso, um aspecto que merece ser evidenciado é que a manipulação parecia conter em si um deslumbramento diante de materiais com os quais nunca havia entrado em contato, uma satisfação por saber que algumas coisas pertenciam a ela e uma grande necessidade de cuidar delas para conservá-las em perfeito estado. A impressão que tínhamos, professora e eu, é de que, em sua casa, *Alice* dispunha de pouquíssimos objetos, e os existentes podiam ser usados por qualquer pessoa da família.

Em relação a seus colegas de classe, a aluna não era hostil, nem demonstrava animosidade. Contudo, era patente a ausência de situações nas quais ela tivesse ido procurar a companhia de qualquer um deles. Aos poucos, porém, começou a mostrar um interesse mais freqüente por uma outra aluna.

Já em relação à professora, as modificações foram rápidas. Passou a ficar junto dela, a verbalizar bem mais. Embora o conteúdo se restringisse à mesma pergunta para cada um dos objetos que manuseava: "*– é seu, tia?*", e sem esperar resposta, "*pode gadá [guardar]?*", já eram episódios interativos iniciados por ela. Aproveitando esse envolvimento afetivo de *Alice* com a professora, procurando aliá-lo ao objetivo de fazê-la usar a visão, mas levando em conta também os trabalhos de pesquisa que ressaltam que o rosto humano, especialmente da mãe, é um estímulo muito poderoso, mais eficiente até do que padrões geométricos de alto contraste, todos os dias dever-se-ia reservar um momento um pouco mais longo no qual a professora iria ressaltar partes de seu rosto, complementos e adereços, tais como batom, brincos, óculos e fivelas no cabelo, por exemplo. Dado que a limitação visual da criança não lhe havia permitido conhecer o mundo à sua volta da maneira mais plena possível, a situação presente era: algumas coisas ela conhecia com o tato, mas precisava "sobrepor" a essa informação outra, de natureza visual; muitas coisas ela não conhecia nem com o tato nem com a visão; outras ela conhecia com a visão, mas em condições ambientais não preparadas, de maneira que seria necessário criar essas condições; e em todas essas alternativas havia uma pequena parcela de objetos aos quais ela sabia atribuir um nome. Em síntese: era preciso ensiná-la a ver e a nomear o que estivesse sendo visto.

Assim, nesse período, a proposta era valorizar o uso da visão, mas não se sabia definir com precisão até onde seria possível ir com o trabalho de estimulação. Informações mais acuradas seriam geradas no decorrer do próprio trabalho. Por essa razão, pelas sugestões dadas à professora, dever-se-iam utilizar materiais que fossem o mais atraente possível, empregando basicamente três combinações de cores: preto sobre branco, amarelo sobre preto ou ainda azul (*royal*) sobre amarelo (gema) e vice-versa. Contudo, todo o material deveria conter pistas com informações táteis que, evidentemente, iriam sendo retiradas de forma gradual. O trabalho em papel, no entanto, até pelo nível da classe, deveria ser utilizado de maneira bem dosada, já que a ênfase no desenvolvimento das atividades estaria nas situações vivenciadas, nos jogos, nos brinquedos e nos materiais. Os conceitos trabalhados só então seriam, pouco a pouco, passados para o nível de representação. Portanto, as metas gerais tanto para *Alice* como para as demais crianças seriam as mesmas, apenas com certas adequações em relação às estratégias. Aliás, essa era uma das maiores preocupações exteriorizadas pela professora, pois ela analisava a situação de *Alice* como tendo sido marcada por um ambiente carente de situações estimuladoras tanto do ponto de vista humano como do material e que, portanto, as condições na escola deveriam ser até antagônicas e favorecer a integração. *Alice* não deveria se sentir diferente ou isolada perante o grupo.

Definiu-se, em conjunto com a professora e a direção do CER, que uma vez por semana eu iria até a unidade escolar para discutir e avaliar o trabalho em andamento, definir uma proposta de seguimento para a semana vindoura, bem como realizar um treinamento da visão de *Alice* num ambiente específico, até o momento em que isso se fizesse necessário. A opção por um espaço físico diferenciado em relação aos demais espaços ocupados normalmente pelos alunos deu-se pelo fato de parecer inadequado, no momento inicial do treinamento, submeter o grupo todo de crianças a um arranjo ambiental e de procedimentos criados especificamente para o caso de *Alice*. Por isso, o treinamento para estimulação foi definido, inicialmente, para ser individualizado, mas todas as demais atividades, mesmo que adaptadas, deveriam ter espaço no ambiente de classe ou de sala de aula, juntamente com os demais alunos.

Dessa maneira, a intervenção seria constituída de dois momentos diferentes. O primeiro deles destinado ao treinamento específico em ambiente reservado, numa condição de interação entre mim e *Alice*, e o segundo a ser desenvolvido no ambiente de sala de aula, envolvendo também a professora, outros alunos, a programação em andamento, as atividades didáticas e os materiais pedagógicos, e a "inserção" da criança nesse contexto. No primeiro caso, portanto, uma intervenção direta, ao passo que, no segundo, a professora assumiria a função de mediadora. Para viabilizar tal função, seriam necessários contatos freqüentes e orientações, discussões e trocas de idéias, resultando no processo de ensino que aqui se vai apresentar. Evidentemente, na dinâmica do cotidiano, as duas situações interligaram-se compondo uma unidade e, para que esse caráter não se perca, procurar-se-á, ao mesmo tempo, descrever cada uma delas, mas de maneira integrada, tal como de fato ocorreram.

Vale ressaltar também que o termo "estimulação" foi aqui empregado com um sentido mais geral, referente ao processo como um todo, ao passo que "treinamento" indica as várias etapas ou momentos do processo que, reunidos, constituiriam a referida estimulação.

As sessões individualizadas de treinamento só tiveram início quando se observou que *Alice* poderia ficar sozinha comigo, participando das atividades com tranqüilidade e confiança. Para chegar a esse ponto, fui diversas vezes ao CER, tornando-me uma pessoa familiar às crianças da classe. No convívio, os episódios interativos, mesmo aqueles iniciados pela própria aluna, tornaram-se mais constantes, embora ainda de maneira bastante irregular. Ela já conversava e mantinha proximidade física, segurando na mão, dando beijos ou sentando perto, por exemplo. Além disso, começava a se apresentar de maneira mais organizada, tentando participar das atividades de sala de aula e conseguindo responder melhor às exigências que lhe eram feitas. Por isso, julgou-se que seria aconselhável iniciar com períodos curtos de tempo, aumentando-os gradativamente.

A classe na qual *Alice* fora matriculada era composta por seis crianças, todas com deficiência mental, sendo ela a única aluna com déficit visual associado. A situação era nova para todos os envolvidos, e tanto a professora como a criança experimentavam um momento de mútua adaptação. A professora, sem nunca ter trabalhado nessa área, com formação em educação especial, mas não específica em deficiência visual, sem indicação de bibliografia e leituras que pudessem auxiliá-la quanto à maneira de proceder, e *Alice*, por sua vez, parecendo assustada com uma situação que lhe era nova, que nunca havia vivenciado.

O relato de todo esse trabalho, realizado ao longo de um ano letivo, será feito a seguir. Contudo, para efeito de uma melhor compreensão a respeito dos conceitos envolvidos e dos fundamentos teóricos subjacentes à intervenção, será necessário que, antes, seja feito um relato sobre a evolução histórica do conceito de deficiência visual, chegando até nossos dias, com a proposição que se tomou como referência para nortear tanto as atuações coletivas como as individuais que resultaram dessa pesquisa.

No capítulo que se segue serão não só abordados os fundamentos teóricos da proposição mas, também, a maneira como isso se deu, historicamente.

2 A ÁREA DE ESTUDO

DEFICIÊNCIA VISUAL:
ALGUNS ASPECTOS SOBRE A HISTÓRIA DE UMA TRAJETÓRIA

Tomando por referência estudos teóricos que buscaram elucidar as vinculações entre idéias, noções ou conceitos e modos de proceder de uma certa época e de uma certa cultura, no relato histórico aqui apresentado procurar-se-á contrapor a trajetória de concepções[1] e de comportamentos sociais ante as deficiências, de um modo geral, e a deficiência visual em particular e, quando possível, no campo das atitudes educacionais.

Desde tempos imemoráveis, a presença da luz sempre esteve associada a situações favoráveis, a acontecimentos felizes e à inteligência, ao passo que a ausência dela, às trevas, ao sinistro e ao mal. Nas sociedades primitivas supunha-se que a luz *brotasse* de dentro para fora dos olhos e que pessoas cegas não fossem capazes de produzi-la, firmando-se um vínculo entre cegueira e poderes malignos. O *olho escuro* era apenas uma das manifestações dos

---

1 Concepção: "o produto ou o conjunto de informações acumuladas, ao nível pessoal, social ou cultural, que possibilitam ao indivíduo, grupo ou cultura, explicar como o fenômeno é determinado, especificar quais são as características diferenciadoras de seus portadores ou os problemas que a deficiência acarreta, e que embasam as opiniões, valores e atitudes no tocante à resolução dos problemas atribuídos a esta condição" (Mendes, 1995, p.8).

poderes exercidos pelo *reino do mal*, de maneira que o enfrentamento dessa condição, entendida como sobrenatural, confundia-se com práticas religiosas e bruxarias praticadas em feiras e mercados (García Sánchez, 1992).

Contrastantemente, registros históricos da Antigüidade, e mesmo da Idade Média, fazem referência a pessoas cegas com admiração, seja pela capacidade de superar os obstáculos impostos pela deficiência mediante talento, como Homero, autor de *Ilíada* e *Odisséia*, seja pelo *dom* supostamente atribuído a alguns, de ver além do que os olhos físicos permitem, ingressando num mundo místico que lhes tornaria possível transitar por imagens pertencentes ao futuro ou passado (Higino, 1986; Hugonnier-Clayette et al., 1989).

Ao longo da história da humanidade, diferentes maneiras de compreender a problemática das deficiências foram sendo construídas, modificando-se, alternando-se e, por vezes, até coexistindo simultaneamente sob a forma de atitudes sociais diversas em relação àquelas pessoas consideradas divergentes para os padrões de normalidade.

Com a difusão do cristianismo, encerrava-se a fase em que os indivíduos portadores de imperfeições eram, desde glorificados, até negligenciados ou eliminados sem qualquer conflito moral ou religioso. Tem início o período em que, por compadecimento, alguns eram alimentados, protegidos e acolhidos junto a paróquias, em troca de pequenos serviços. Passou-se a considerá-los como dotados de alma e, como tal, filhos de Deus também. Em conseqüência, assim como a mulher e o escravo, passaram da condição de objeto ou coisa à de pessoa (Pessotti, 1984). Portanto, em "toda a Europa, o extermínio e o abandono das crianças nascidas com alterações orgânicas visíveis não mais ocorriam, já que um dos princípios dos cristãos era o amor incondicional ao próximo" (Caiado, 1996, p.35).

Não obstante, alguns eram considerados presas fáceis do diabo ou sofriam por pecados seus ou de seus ascendentes.

> Sobre essa ambigüidade, estruturam-se os costumes da Idade Média. Todos são filhos de Deus e por isso merecem a vida. Segundo as leis divinas, o homem devia amar seus semelhantes e não fazer-lhe

o mal, porém alguns pagavam por seus pecados ou estavam sob as forças do demônio, encontrando-se coxos, cegos, surdos, leprosos, hidrocefálicos... (Ibidem, 1996, p.35-6)

Durante a Inquisição, muitos deficientes foram mortos. "Com comportamentos estranhos às regras sociais desse período histórico, é lhes atribuído um papel social de desvio, justificando-se, assim, os castigos imputados" (Caiado, 1996, p.36).

O fatalismo teológico, aliado à superstição, constituiu um dos grandes dilemas da Idade Média ante as pessoas consideradas anormais. Oscilava-se ora entre proteger, mas também segregar os desviantes, ora castigarem para exercer a caridade, como relata Pessotti (1984). A "moral cristã, aliada aos interesses econômicos, determinava a história da vida dos filhos marcados de Deus", que

> mereciam tolerância, porém eram segregados da vida social por serem mendigos, sem moral, incontroláveis perante a lei e impossibilitados de cultivarem a terra, guerrearem, tecerem ou produzirem objetos e, portanto, sem condições de proverem sua sobrevivência e pagarem impostos. Desse modo, eram caritativamente recebidos nos mosteiros, nos asilos e, mais tarde um pouco, nos manicômios e hospitais. (Caiado, 1996, p.36)

Dessa maneira, a necessidade inicial de abrigar e cuidar dos menos inoportunos lançava as bases das práticas segregatórias que se efetivariam nos séculos subseqüentes, aplicando-se também àqueles que divergiam de maneira mais contundente.

A primeira comunidade para cegos parece ter sido fundada no século V, na Síria, por São Lino.

É provável que tenha existido um lar para cegos em Jerusalém no século VII, e a mesquita de El Aghar, fundada no Cairo no século X, dispunha de uma seção especial para cegos. No ocidente, no século XI, Guilherme, o Conquistador, criou quatro hospitais para cegos, a fim de expiar o pecado de se ter casado com sua parente. O célebre hospital dos Trezentos, em Paris, é obra de São Luis, mas não sabemos a data exata de sua fundação, que está situada nos meados do século XIII. A "Casa dos Trezentos Cegos de Paris" não se destinava, como se diz com freqüência, a receber os cruzados acometidos de cegueira no oriente, mas a trezentos cegos da cidade de Paris, simplesmente. O poeta Rutebeuf cantou:

O rei pôs num retiro
Mas não sei bem porque o fez
Trezentos cegos, lado a lado.

Trata-se de alojar, alimentar e aquecer os cegos, mas ninguém ainda tem a idéia de ensinar-lhes um ofício e reintegrá-los na vida social. Esta idéia só aparecerá muito mais tarde. (Hugonnier-Clayette et al., 1989, p.6)

Tentativas de tratamento um tanto bizarras ocorreram no século XVI, ocasião em que Ambroise Paré propôs máscaras e óculos para serem utilizados, mas apenas nos casos de estrabismos convergente e divergente. Essa foi a primeira tentativa idealizada com o propósito de minimizar os efeitos de um quadro de alteração orgânica, buscando normalizar uma condição discrepante.

O estado de desatenção e menosprezo a que cegos e todos os outros deficientes foram submetidos só começa a modificar-se com a entrada irreversível do mercantilismo e do capitalismo no lugar do sistema feudal, com os avanços do conhecimento, especialmente na área médica, com os ideais da Revolução Francesa, dentre os quais o que proclamava direito de todos à educação, e a influência das idéias de Voltaire (1694-1778) no combate à dominação, à injustiça e aos abusos da Igreja. Por meio de críticas ao fanatismo, superstição e ignorância, a sociedade européia foi colocada em confronto com tudo aquilo que até então havia sido o alicerce para explicar e entender a origem, razão e existência de pessoas deficientes. Voltaire negava os milagres, a eficácia sobrenatural da oração, o destino e a crença na punição divina (Durant, 1959).

Embora em séculos anteriores já tivessem sido colocadas em prática tentativas de educar crianças com deficiências por meio de estratégias diferenciadas, essas atividades foram esparsas, restringiram-se às deficiências sensoriais, não se desenvolveram "através da instituição escola (como ocorrerá a partir do século XVIII)" e envolveram "um número reduzido de deficientes" (Bueno, 1993, p.58).

Além desses aspectos, cabe chamar atenção para o fato de que os educadores considerados precursores da educação especial foram, de fato, preceptores. Essa era uma prática comum e uma tradição no que se refere à educação das crianças pertencentes à aristocracia. Nesse contexto, alguns poucos deficientes nobres e/ou ricos foram beneficiados.

Os outros milhares de cegos que viviam na Europa e pertenciam ao povo miúdo continuaram desassistidos e abandonados à própria sorte, "lutando por condições mínimas de sobrevivência, vivendo da mendicância, ocupando leitos de hospitais ou sendo internados em asilos" (Ibidem, p.63). Como escreveu Foucault, a internação foi "uma criação institucional própria do século XVI" (Foucault, *História da loucura na Idade Clássica*, citado por Bueno, 1993, p.63). Inicia-se o período de aproximadamente três séculos, nos quais a atitude social ante as pessoas diferenciadas pode ser expressa pelo termo *segregação* (Mendes, 1995).

Na passagem de uma visão eminentemente supersticiosa para uma concepção organicista, como ocorreu de maneira mais contundente a partir do século XVIII, a compreensão a respeito dos determinantes das deficiências, em especial a visual, torna-se mais aprofundada. Nesse período, segundo García Sánchez (1992), surgem os primeiros conhecimentos anátomo-fisiológicos importantes para o posterior desenvolvimento de uma compreensão científica sobre o funcionamento do olho e do cérebro, com suas respectivas estruturas.

Isso tudo, entretanto, não exerceu influência significativa em termos de impulsionar atitudes educacionais.

Um autor cujas idéias tiveram importância significativa para a consolidação das primeiras iniciativas de atendimento às pessoas com deficiência foi John Locke (1632-1704). Sistematizadas no *Essay Concerning Human Understanding* (1689), postulam que todo o conhecimento provém da experiência, mediante os sentidos, que a sensação gera a memória e esta, por sua vez, as idéias.

> Com Locke, o princípio do primado da sensação passa, de preceito didático pragmático a princípio filosófico e pedagógico geral, a fundamentar uma teoria do conhecimento e simultaneamente uma doutrina pedagógica com sua decorrente teoria da didática: "A experiência é o fundamento de todo o nosso saber. As observações que fazemos sobre os objetos sensíveis externos, ou sobre as operações internas da nossa mente, e que percebemos, e sobre as quais refleti-

mos nós mesmos, é o que supre o nosso entendimento com todos os materiais de pensamento". Assim, o uso da razão, embora capaz de produzir idéias e conhecimentos, será exercido sempre, em última análise, sobre os dados da sensação.

As proposições de Locke têm

implicações decisivas para a vida e o ensino de pessoas com deficiências: a visão naturalista do educando, liberta de preconceitos morais ou religiosos, a ênfase na ordenação da experiência sensorial como fundamento da didática, a afirmação da individualidade do processo de aprender, a insistência sobre a experiência sensorial como condição preliminar dos processos complexos de pensamento, a importância dos objetos concretos na aquisição de noções. (Pessotti, 1984, p.22)

O panorama no século XVIII começa gradativamente a modificar-se, mas com tentativas ainda isoladas e em bases tutoriais, centradas no indivíduo. Assim foram as atuações dos *pioneiros* ou precursores do ensino especial, todas muito distantes de uma abordagem educacional tal como a entendemos na atualidade. Porém, foram trabalhos extremamente valiosos do ponto de vista da perspectiva que criaram, mostrando que, com técnicas próprias, as pessoas poderiam ser ensinadas e que as funções da mente poderiam ser incrementadas a partir da estimulação dos órgãos sensoriais, segundo o embasamento teórico de Locke. As explicações causais centradas no princípio da hereditariedade começavam a ser questionadas, embora num universo ainda muito restrito.

Mesmo assim, o século XVIII é considerado

o marco definitivo no esforço que a sociedade moderna encaminhará no sentido de proporcionar educação especializada compatível com as necessidades das crianças excepcionais ... esse marco é caracterizado pelo surgimento das primeiras instituições públicas: o Instituto Nacional de Surdos Mudos, em 1760 e o Instituto dos Jovens Cegos, em 1784, ambos na cidade de Paris. (Bueno, 1993, p.64)

Em relação à educação dos deficientes visuais, denominados na época apenas por cegos, dois nomes foram fundamentais: Valentin Haüy (1745-1822) e Louis Braille (1809-1892).

Haüy foi o responsável pela criação da primeira escola para pessoas cegas, cujo objetivo era primeiro ensiná-las a ler e depois dar-lhes emprego.

Começou seu trabalho com um jovem cego, passou em seguida a reger uma classe e, após receber pensão real, organizou uma escola para aproximadamente cinqüenta pessoas. Para alfabetização utilizava-se de letras em relevo e, como desenvolvesse um ensino sistemático, publicou em 1786 um trabalho intitulado *Ensaio sobre a educação dos cegos* (Bueno, 1993).

Sua escola foi chamada de Instituto para os Cegos de Nascimento, mas com uma peculiaridade: admitia apenas aqueles que pudessem trabalhar e, portanto, teve sua denominação alterada para Instituto dos Trabalhadores Cegos, em 1795. "Assim, o atendimento institucional dos cegos, que se iniciou com proposta de educação sistemática, em apenas dez anos se transformou em escola industrial e asilo combinados", assumindo a feição de asilo com trabalho obrigatório, formador de mão-de-obra manual e barata. Era a

> segregação dos *divergentes*, dos que atrapalhavam o desenvolvimento do capitalismo e que necessitavam ser enquadrados às suas exigências, todos se encaminhando para a internação e para o trabalho forçado, manual e tedioso, parcamente remunerado, quando não em troca de um lugar no "maravilhoso espaço do asilo-escola-oficina". (Ibidem, p.69)

Os cegos que não nasceram pobres, porém, trilharam um outro caminho, na maior parte das vezes ficando aos cuidados dos preceptores, ou apenas usufruindo da vida em família e da riqueza.

O modelo de *escola* de Valentin Haüy, assumido pelo Estado como instituição pública, difundiu-se por vários países europeus, mas com ênfases diversas. Na Alemanha, por exemplo, constituída por pequenos territórios com uma organização ainda do tipo feudal, a exigência de deficientes como trabalhadores manuais não era tão fundamental como o foi na França, um país mais desenvolvido naquela época.

Apesar de certas diferenças, o sistema criado por Haüy constituiu uma unanimidade em todos os estabelecimentos que proliferaram pela Europa para a educação dos deficientes visuais: todos acataram o modelo do instituto parisiense. O conjunto de letras em relevo, porém, "desde cedo mostrou-se limitado pelas dificuldades de seu reconhecimento pelo tato, pela necessidade de manutenção de uma grande quantidade de letras disponíveis para cada aluno e por seu alto custo" (Ibidem, p.73).

Em 1808, Charles Barbier apresentou à comunidade um sistema diferente que substituía as conhecidas letras em relevo por pontos em número de doze, para representar sons da fala. Denominado escrita noturna, era um código secreto de comunicação militar que também podia se prestar ao ensino da escrita às pessoas cegas, segundo o próprio Barbier.

Embora constituísse uma técnica mais prática e eficiente que a proposta anteriormente por Haüy, os pontos de Barbier ainda eram difíceis de serem aprendidos. A cela era muito grande e os pontos correspondiam a sons da fala, dificultando a ortografia.

Foi Louis Braille (1809-1892), menino do interior da França e cego aos três anos por causa de um ferimento nos olhos, quem empreendeu "a maior modificação curricular isolada necessária à educação dos cegos" (Telford & Sawrey, 1984, p.493). Aluno do Instituto dos Jovens Cegos de Haüy desde a idade de doze anos, "diminuiu a cela de Barbier para seis pontos, tornando sua decodificação possível num simples toque de dedo, alternando a correspondência *pontos-sons da fala* para *pontos-letra escrita*" (Bueno, 1993, p.73). Quando apresentou o Sistema Braille ao Instituto do qual viria a ser professor, Louis tinha apenas quinze anos e, embora empreendesse esforços para mostrar a utilidade de sua proposta, o método foi reconhecido oficialmente apenas trinta anos depois de ter sido inventado.

Segundo análise feita por Bueno, tal absurdo deveu-se, em parte, ao tradicionalismo da época, que opôs resistência à admissão da nova metodologia. Porém, esse foi o aspecto menos significativo. Na verdade, o ponto crucial foi

> o fato de que, no início do século XIX, o Instituto dos Jovens Cegos havia se tornado praticamente um *asilo-oficina*, com a escolaridade se restringindo a plano inferior, já que o que importava era o aproveitamento do cego como mão-de-obra cativa e institucionalizada. Com a aceleração do processo de industrialização e a exigência, cada

vez maior, de melhor nível de escolaridade para inserção no processo produtivo, passou-se a se preocupar paulatinamente com as possibilidades de melhor escolarização. (p.74)

Só com base nessa necessidade, então, é que o Sistema Braille foi incorporado ao programa de ensino desenvolvido pelo Instituto.

Portanto, o que se pode depreender desses relatos é que os cegos, embora segregados desde o século XVIII, mantiveram-se em internatos com características de instituições escolares, ao passo que os deficientes não sensoriais, particularmente os mentais, à medida que os estudos se desenvolviam e que as definições e classificações consolidavam-se no universo científico, iam assumindo o papel de perigo racial, ante a noção de fatalidade atribuída à condição.

As teorias de Morel (1857) e Lombroso (1876), que estabeleciam uma relação entre a condição de "idiotia" e a hereditariedade, preconizavam que tal condição era o último estágio de degeneração moral, intelectual e psíquica do ser humano. Tais teorias tiveram ampla disseminação e intensificaram os sentimentos de ameaça tanto em relação à periculosidade atribuída à condição quanto ao futuro da espécie humana. (Mendes, 1995, p.122)

Foi o período em que a prática segregatória das deficiências mais evidentes fundamentava-se num organicismo radical, de cunho eugenista, como enfatiza Pessotti (1984). Além desse aspecto, a Revolução Industrial trouxe consigo a necessidade de homens homogêneos e com habilidades mais complexas. As diferenças precisavam ser excluídas para manter a harmonia do sistema, seja por meio das escolas residenciais, ou dos pavilhões criados e mantidos junto a grandes instituições, como hospícios ou hospitais. A concepção vigente era de que os prejuízos presentes nos indivíduos não poderiam ser superados. No entanto, poderiam, sim, se *alastrar* por toda uma comunidade sadia, colocando em risco as futuras gerações.

Não se pretende aqui negar o descrédito e o preconceito dirigidos a todos os indivíduos portadores de condições designadas como não normais. Porém, é preciso que se chame atenção para o fato de que a história da educação do deficiente visual teve suas particularidades. Provavelmente graças à facilidade de identificação e à natureza óbvia da deficiência, a cegueira suscitou efetivamente a simpatia e preocupação dos não-deficientes. Por conseguinte, a despeito de seu número relativamente pequeno, calcula-se que tenham sido fornecidos dez vezes mais serviços legais, sociais e educacionais aos cegos do que a qualquer outro grupo de deficientes... Os primeiros programas educativos especiais que foram criados destinaram-se aos deficientes visuais. (Telford & Sawrey, 1984, p.467)

Essa realidade, tipicamente de países industrializados e desenvolvidos dos séculos XIX e primeira metade do XX, consolidou-se num atendimento de alta qualidade, com recursos, porém em regime segregado, como foram as escolas residenciais, fossem elas particulares ou públicas. Como já mencionado anteriormente, na França, o Estado assumiu a escola iniciada por Valentin Haüy que permaneceu como instituição pública, ocorrendo o mesmo com as sete escolas inauguradas na Grã-Bretanha no período entre 1891 e 1909. Nos Estados Unidos, contudo, todas as escolas eram instituições particulares, geridas por grupos religiosos ou leigos. Apenas nas primeiras décadas do século XX o assunto passou a ser de competência do Ministério da Educação, mas essa não se mostrou ser a tendência para a maioria dos países, especialmente aqueles considerados não desenvolvidos, para os quais o objetivo de educação para todos ainda permanece distante de ser alcançado (Telford & Sawrey, 1984; Barraga, 1989).

Nascidas públicas, as escolas residenciais européias assim permaneceram, tendendo a perseverar numa situação que, nos Estados Unidos, teve sua origem já fundamentada em outras bases. Assim, embora assumida pelo Estado mais tardiamente, a educação do deficiente visual nesse país manteve-se na esfera de domínio e influência das instituições particulares, pelo menos até as décadas de 1940 e 1950.

No estudo da evolução dos modelos de atendimento educacional disponíveis no final do século XIX até meados do XX, o impacto sobre as atitudes educacionais foi produzido pelos movimentos eugênicos e pelas teorias do *darwinismo social* de Herbert Spencer e da *hereditariedade* de Francis Galton, dentre outras.

Para Galton, "a eugenia seria a ciência que se preocuparia com a melhoria da raça humana e, para tanto, procederia à identificação dos seres mais bem dotados física e mentalmente, favorecendo seus casamentos" (Marques, 1994, p.48).

Spencer, por sua vez, "pregava a facilitação dos modos de vida para os considerados naturalmente superiores, deixando agir uma espécie de seleção natural para a preservação dos mais fortes" (Mendes, 1995, p.23-4). Nesse sentido, "a preservação dos inadaptados ... poderia ser considerada como prejudicial à sobrevivência das sociedades progressistas, e devendo-se, portanto, evitar tanto a *ajuda pública* quanto a reprodução de tais indivíduos" (Mendes, 1995, p.23 – grifo meu).

Essas idéias tiveram uma grande aceitação porque vieram ao encontro dos interesses daqueles que se sentiam ameaçados pelo avanço das raças inferiores, ou degeneradas, que os *estudos científicos* e *genealógicos* mostravam como estando em processo de expansão rumo à degenerescência.

O racismo, tão em voga internacionalmente em fins do século XIX, tinha sua razão de ser ... na medida em que, apresentando-se como justificativa para o domínio branco europeu sobre o restante das nações, eximia-o de qualquer conflito com ideais democráticos e liberais, já que a superioridade branca era de caráter biológico e fora cientificamente constatada. (Marques, 1994, p.33)

Portanto, em relação à *reprodução de tais indivíduos*, de certa forma a sociedade sadia estava conseguindo esse intento, uma vez que as escolas residenciais davam conta de mantê-los afastados do convívio. Quanto à *ajuda pública* que, por recomendação, devia ser evitada, a conclusão a que se chega é que, se houvesse proposição ou ampliação de serviços de educação especial, esta se daria por iniciativa particular, nunca pública. Não era recomendável investir em pessoas marcadas pela incompetência pessoal e pela inadequação social.

É importante lembrar que nesse período da história, apenas as deficiências mais visíveis eram identificadas e que sobre elas pairava a mesma noção de incurabilidade e irreversibilidade da condição. Como salienta Mendes (1995), a base comum para uma rejeição em bloco a pessoas que perderam a identidade e foram transformadas em categorias deve-se ao contexto socioeconômico e político que relacionava atributos pessoais negativos a comportamentos que causavam estranheza. No entanto, dentre as quatro categorias básicas, os deficientes sensoriais foram os mais aceitos, seguidos pelos físicos e, finalmente, pelos deficientes mentais sobre os quais pesava um grande preconceito, em razão do medo de que pudessem comprometer a ordem social, como mencionado anteriormente.

Num país de desenvolvimento emergente como os Estados Unidos, por exemplo, até a década de 1930, "a educação especial abrangia fundamentalmente os deficientes mentais, auditivos, visuais e físicos, além de não se constituir em sistema, mas por instituições isoladas, voltadas para esta ou aquela deficiência" (Bueno, 1993, p.31).

Ocorre que, se por um lado categorias de deficiências mais acentuadas já eram identificadas e recebiam atendimento de natureza custodial, por outro, "novas" categorias estavam por surgir e a elas a sociedade seria obrigada a responder, criando algum tipo novo de atendimento.

> Como decorrência da transição do modelo econômico nos países europeus e norte-americanos, ocorreu uma fase de industrialização rápida e um crescente nível de urbanização que romperam a ordem social mantida até então ... Neste contexto, aumentou a pressão social para os considerados menos competentes e foram intensificados os mecanismos de controle sobre eles. (Mendes, 1995, p.76-7)

Ocorre, então, o nascimento e a institucionalização da educação pública compulsória para atender às necessidades da nova organização social. Como salienta ainda a mesma autora, a segunda opção foi adotada pela maioria dos países, de maneira que a categoria dos portadores de deficiências ampliou-se para incorporar um grande contingente de pessoas que até então não apresentavam problemas, mas passaram a apresentar a partir do momento que a educação elementar tornou-se uma necessidade para a nova ordem político-econômica.

A expansão da educação especial "foi assumindo, no decorrer do século XX, proporções cada vez maiores, que se encaminharam no sentido de sua *institucionalização como subsistema significati-*

vo dentro do sistema educacional, na maioria dos países ocidentais" (Bueno, 1993, p.76-7 – grifo meu). Em relação à deficiência visual, a obrigatoriedade da educação elementar trouxe conseqüências um pouco diversas. Os casos mais acentuados, denominados genericamente apenas cegos, estavam nas escolas residenciais, sendo matriculados diretamente nelas. Em entrevista a Bina (1985, p.44), Natalie Barraga relata que, nos Estados Unidos, as escolas residenciais proliferaram e se estruturaram de maneira que até os anos 40-50 do século XX os profissionais existentes estavam "ensinando todas as crianças, nas escolas residenciais, a lerem em Braille, a despeito da condição de cada uma".

Com o movimento de ampliação do acesso à escola básica, começam a ser identificados alguns casos de deficiência visual total e outros – a maioria – de deficiência visual parcial, todos, porém, considerados cegos em termos de perspectivas sociais e educacionais. A eles começaram a ser oferecidos serviços de natureza pública que, além do aspecto relativo à origem dos recursos envolvidos, em nada diferiam dos privados já existentes. O que começa a haver, sim, é uma competição entre as escolas especiais e as públicas que, no provimento de serviços educacionais a estudantes *cegos*, passam a tentar se sobrepujar umas às outras em termos de número de matrículas e influência na área (Hatlen, 1993).

Seja como for, durante séculos, as pessoas com deficiência visual foram apenas cuidadas, na melhor das hipóteses. Perspectivas educacionais e profissionais começam, muito timidamente, a se esboçar no século XVIII e só se desenvolvem, de fato, no decorrer do século XIX e primeira metade do XX. Mas, até esse momento, seja no modelo integrado, seja no segregado, ser deficiente visual significava ser cego e aprender por meio das poucas técnicas e escassos métodos e recursos existentes, entre eles o Método Braille para ensino da leitura e da escrita.

Essa situação começará a alterar-se com a nova ordem econômica, política, ideológica e social que desponta após o término da Segunda Guerra Mundial.

Antes de prosseguir nessa análise, porém, far-se-á um retrocesso cronológico para situar os fatos e acontecimentos ocorridos também no Brasil que, por força de uma série de fatores, teve sua própria evolução no contexto de um país capitalista periférico. Como escreve Mendes (1995), uma das principais dificuldades é saber como se deu a Educação Especial no âmbito nacional, em razão da, praticamente, inexistência de estudos sobre o assunto. Além disso, causa surpresa perceber que os relatos sobre a história da educação não fazem alusão alguma à educação especial, como se ela tivesse sido qualquer outra coisa especial, menos educação. Segundo Ferreira (1993, p.31), a evolução histórica da Educação Especial no país "ficou estranha à história da Educação no Brasil e não é encontrada em livros ou em cursos de História da Educação Brasileira".

Apesar de tais dificuldades, alguns autores, tais como Jannuzzi (1985), Bueno (1993), Ferreira (1993) e Mendes (1995), especialmente, conseguiram fornecer descrições e análises relativas à evolução da história, muito importantes para a compreensão da área em seu inter-relacionamento com a sociedade brasileira. O "período de negligência, que em geral pode ser observado em outros países até o século XVII, em nosso país, parece ter se estendido até o início da década de 50" do século XX (Mendes, 1995, p.264). A educação especial não teve qualquer tipo de política para si, sobretudo no período compreendido entre os anos finais do século XIX e a década de 1950, brevemente analisado no texto que se segue.

> A educação especial no Brasil tem como marcos fundamentais a criação do Imperial Instituto dos Meninos Cegos (hoje, Instituto Benjamin Constant) e do Instituto dos Surdos-Mudos (hoje, Instituto Nacional de Educação de Surdos – INES), ambos na cidade do Rio de Janeiro, por iniciativa do Governo Imperial. (Bueno, 1993, p.86)

Fundado em 1854, o Instituto dos Meninos Cegos foi a primeira instituição da América Latina a empregar o sistema Braille na instrução do deficiente visual (Higino, 1986). Entendido pelos historiadores da educação como atos inusitados, segundo Mendes (1995), não refletem o contexto social da época. Além disso, não tiveram o poder de influenciar a criação de qualquer outro serviço voltado para os deficientes visuais no país, até a década de 1920.

Uma vez instalado, o Instituto começou a mostrar-se inoperante para o aluno cego, mesmo porque "havia pouca necessidade de utilização desse tipo de mão-de-obra, na medida em que uma economia baseada na monocultura para exportação não exigia a utilização dessa população pelo incipiente mercado de trabalho" (Bueno, 1993, p.86). Além disso, o Brasil do Império e também da República recém-proclamada era dominado por uma sociedade completamente rural, desescolarizada e escravocrata em suas convicções.

Ao passo que nos países capitalistas centrais a exigência de expansão das oportunidades educacionais para todos já encontrou um conjunto de escolas residenciais instaladas e em funcionamento, no Brasil não havia esse sistema de escolas, nem público nem privado, muito menos atendimento inserido na escola pública.

Ocorre também, como já mencionado anteriormente, que o início do século XX foi um período profundamente marcado por idéias de purificação racial. Embora nos países europeus e na América do Norte a *modernidade* identificada ao processo de industrialização já passasse pela escolaridade, no Brasil o processo de urbanização apenas evidenciou *um amálgama indiferente de gentes* que se opunha à idéia de nação soberana que os homens cultos do país desejavam construir por meio do regime republicano.

> Um povo retardatário, doente, mal organizado, de péssimas finanças, vida econômica perturbada, cultura diminuta, lentidão de trabalho, atraso social, parasitismo político, não só desorganiza as suas relações no exterior, mas cria uma vida nacional deficiente, anárquica, pobre, senão mais ou menos servil e periclitante. (Rocha, 1995, p.17-8)

Nesse sentido, o projeto civilizatório para o Brasil preocupa-se em transformar a grande massa "analphabeta, ignorante e incapaz de trazer o mínimo desenvolvimento, a mínima vantagem ao progresso nacional" em homens cultos, saudáveis e produtivos (Rocha, 1995, p.24).

Na compreensão das elites da década de 1920, o Brasil era a imagem de uma sociedade cindida em duas partes irreconciliáveis: "espécimes perfeitos" *versus* "criaturas degeneradas". Segundo Rocha, para o *organismo social* doente o único *remédio* seria a educação, inacessível para aqueles em que a desigualdade humana era entendida como decorrente da desigualdade de sua própria substância. É nesse panorama que a educação especial começa a expandir-se. A quase totalidade das instituições,

> na maior parte das vezes ligadas a ordens religiosas, revestia-se de caráter filantrópico-assistencial, contribuindo para que a deficiência permanecesse no âmbito da caridade pública e impedindo, assim, que as suas necessidades se incorporassem no rol dos direitos de cidadania. (Bueno, 1993, p.90)

No Brasil, portanto, o fortalecimento das instituições foi tardio e resultou da organização de certos setores da sociedade, que se viu obrigada a criar o atendimento para o qual o Estado não mostrava preocupações.

Essas mesmas instituições, reproduzindo modelos pedagógicos estrangeiros, impuseram, aqui, a concepção de que todo deficiente visual deveria ser educado para ser cego, situação que perduraria ainda por muitas décadas.

A trajetória da evolução do atendimento educacional começará a apresentar alguma alteração somente após a primeira metade do século XX quando, por força de influências, sobretudo internacionais, o conceito de deficiência visual total, imutável, principia a ser questionado.

Com o término da Segunda Guerra Mundial, as crenças eugenistas e a intolerância racial pareciam ter chegado ao fim. O número de soldados cegos e mutilados fisicamente havia sido enorme.

> Muitos indivíduos se tornaram incapacitados em decorrência de ferimentos de guerra, o que obrigou no mínimo a uma revisão da imagem pública de deficiência e do desvio social, resultando em mudanças necessárias em relação ao papel do Estado no equacionamento dos problemas dos portadores de deficiências. (Mendes, 1995, p.91)

Evidentemente, tais acontecimentos ocorreram justamente nos países mais ricos e com uma estrutura educacional mais bem consolidada. As desvantagens, restritas a uma ou outra pessoa *desafor-*

tunada, tornaram-se comuns. E foram essas pessoas que passaram a exigir serviços de reabilitação e/ou educacionais.

O incentivo à integração e a influência do Princípio de Normalização[2] resultaram nas primeiras mobilizações para garantir a todos os deficientes o direito de freqüentar escolas comuns da comunidade, num sistema que previa apoio ao professor das classes regulares, auxílio adicional por meio de materiais apropriados e, quando necessário, tutoria acadêmica aos próprios alunos.

Nesse período (meados dos anos de 1950), nos Estados Unidos, ocorreram numerosos casos de fibroplasia retrolental ou retinopatia da prematuridade, uma patologia contraditoriamente causada pelo oxigênio das incubadoras que, em princípio, destinava-se a salvar a vida de bebês prematuros. Aumentava, assim, significativamente a incidência de casos de crianças com prejuízos na visão, por uma etiologia até então inexistente. Foram exatamente essas pessoas que compuseram a primeira grande *onda* de crianças *cegas* matriculadas em classes comuns.

Ou seja, em meados dos anos 50 do século XX, nos Estados Unidos e em todos os demais países desenvolvidos, portadores de deficiências começaram a exigir expansão no tipo e número de vagas para usuários de educação especial nas escolas regulares. Portanto, aquelas pessoas que até então freqüentavam as escolas especiais, residenciais ou não, passaram a visualizar o direito que também possuíam, assim como os demais alunos, de freqüentar escolas comuns. As vagas deixadas no ensino segregado passaram a ser preenchidas por alunos com deficiências mais acentuadas ou múltipla deficiência, que até aquele momento não eram compreendidos como passíveis de escolarização (Hatlen, 1993). Além desse aspecto, as instituições precisaram aprender a trabalhar com seus novos alunos, e as dificuldades não foram poucas.

Um exemplo dessas dificuldades encontra-se descrito em artigo de Elonen et al. (1967) sobre um estudo realizado com crianças

---

2 "Base filosófico-ideológica da integração (escolar ou geral) e que, em 1959, surgiu na Dinamarca, significando uma vida ao deficiente o mais parecida possível com a normal, tanto se vivem em uma instituição como na sociedade" (Carvalho, 1994, p.9-13).

cegas que haviam sido, de maneira equivocada, colocadas injustamente em instituições para crianças com retardo mental. Os autores relatam as dificuldades para proceder à transferência desses alunos para a Michigan School for Blind e os progressos subseqüentes à admissão destes, "apesar dos longos anos de negligência e institucionalização" (p.306).

Guess (1967) realizou uma pesquisa com crianças portadoras de múltipla deficiência, enfocando a díade retardo mental/cegueira, e constatou a exclusão desse grupo dos programas educacionais e de treinamento que eram oferecidos às demais crianças também portadoras de retardamento mental, porém videntes, e conclui, citando Elonen et al. (1967), que um dos equívocos mais universalmente aceitos naquela época era aquele segundo o qual se acreditava que a ausência de visão, por si só, seria responsável pela definição de um desenvolvimento desviante.

As transformações que marcaram o período que se seguiu foram lentas. Além das mudanças estruturais e de legislação, implicavam também mudanças de concepções da sociedade para com os indivíduos com alguma forma de deficiência, o que, certamente, não aconteceu rápida e facilmente.

Ainda em relação aos fatos ocorridos nos Estados Unidos, país capitalista central aqui tomado como referência, mudanças de ordem econômica, política e social acarretaram modificações na questão dos direitos individuais não apenas para portadores de deficiências, mas também para outras categorias de excluídos, tais como os negros, hispânicos, homossexuais e mesmo as mulheres... Nesse sentido, a legislação responsável pelos avanços no que diz respeito às possibilidades de acesso e matrícula a todos na escola pública data de 1975, muito embora sua implementação tenha se dado a partir de 1977, quando se institui oficialmente o acesso de crianças portadoras de deficiências às classes comuns (Singer & Buttler, 1987).

A despeito dos problemas detectados ao longo dos anos e das várias críticas que lhe são feitas, a PL tem sido considerada um instrumento efetivo de reforma social e seu maior benefício parece ser ideológico, embora inúmeros aperfeiçoamentos devam ainda ocorrer (Ibidem). Em artigo publicado nesse mesmo ano, Gartner & Lipsky (1987) realizaram uma minuciosa análise sobre as contribuições, limitações e equívocos resultantes do sistema inclusivo e concluíram que, se antes a luta era por mudanças na educação especial, após a promulgação da PL faz-se necessário instituir uma mudança em todo o sistema educacional, pois embora tenha sido possível definir, por meio da legislação, responsabilidades, ela não teve o mérito de "remover as barreiras entre a educação geral e a especial" (p.383).

Mesmo assim, a educação pública obrigatória a todos e o dever do Estado nesse país trouxeram consigo uma série de informações novas sobre a aprendizagem e o desenvolvimento de portadores de deficiências, pois, no decorrer de toda a história da humanidade, nunca havia sido possível realizar essa experiência em larga escala.

Dessa maneira, o avanço do conhecimento nas áreas pertinentes e/ou inter-relacionadas ao estudo das deficiências, o avanço tecnológico e as conquistas sociais imprimiram uma nova dinâmica às atitudes educacionais a partir da segunda metade do século XX, especialmente significativas nos países mais desenvolvidos.

O movimento de normalização e integração iniciado por volta da década de 70 trouxe como implicações, entre outros aspectos, a tendência à desinstitucionalização, a inserção de portadores de deficiências em ambientes físicos e sociais mais normalizantes, a preocupação em estreitar mais os contatos sociais entre portadores de deficiência e os considerados normais e a tentativa de implantação de organizações multidisciplinares. (Mendes, 1995, p.112)

Embora um país capitalista periférico, dotado de uma história da educação especial compatível com essa condição e, portanto, diferente, o Brasil também sofreu modificações importantes entre as décadas de 1940 e 1970, cujas conseqüências serão apontadas e analisadas mais adiante.

Especificamente em relação à deficiência visual, além de todas essas questões já mencionadas que tiveram implicações educacionais importantes, as três últimas décadas foram também profundamente influenciadas pelas pesquisas pioneiras empreendidas pela Dra. Natalie Barraga, uma professora da Texas School for the Blind, valendo-se de sua própria experiência. No item que se segue, serão mais bem explicitadas as condições iniciais e pertinentes ao trabalho dessa pesquisadora.

AS PROPOSIÇÕES DE NATALIE BARRAGA E O CONCEITO DE VISÃO SUBNORMAL OU BAIXA DE VISÃO

As primeiras conclusões provenientes das investigações empreendidas pela Profa. Natalie Barraga foram apresentadas sob o título *Efeitos do ensino experimental no comportamento visual de crianças educadas como se não tivessem visão*, no ano de 1964.

Até esse momento, aceitava-se que, em relação à visão, as pessoas eram classificadas em duas categorias: as normais e as cegas ou deficientes visuais.

Entre as normais estavam também incluídas aquelas que, mediante o uso de uma correção óptica tal como óculos convencionais, podiam apresentar um desempenho visual normal ou bastante próximo da normalidade, superando ou contornando as dificuldades impostas pelos chamados erros de refração, tais como miopia, astigmatismo ou hipermetropia, por exemplo. No outro subgrupo, bastante genérico, incluíram-se as pessoas efetivamente cegas e também aquelas portadoras de alguma visão que, por ser pouca, era desconsiderada tanto do ponto de vista médico como do educacional e social.

Essa não-utilização da visão tem, como se procurou mostrar, razões históricas. Durante séculos, pessoas com dificuldades visuais graves foram consideradas cegas. Uma concepção dessa natureza prende-se, basicamente, às questões assinaladas a seguir. Havia a crença, bastante difundida mesmo até hoje entre certos profissionais e leigos, de que para *ver* basta que se *olhe para*, assim como se imagina que ocorra com as pessoas dotadas de visão, por um processo natural e espontâneo. Em relação aos deficientes visuais que *olham para* e mesmo assim não *vêem* porque não percebem e/ou não interpretam as imagens, inexistia a hipótese de que fosse possível ensinar uma habilidade considerada inata, e que, em razão do desuso, era então substituída pelas vias sensoriais intactas – auditiva, olfativa, extero e proprioceptivas.

Corroborava para a manutenção dessa concepção a idéia do senso comum de que a *vista* seria possível de *cansaço, enfraquecimento* e *desgaste*, quando muito utilizada. Por esse motivo, especialmente o sistema sensório-visual daquelas pessoas já comprometidas deveria ser poupado para evitar um dano ainda maior. Nos Estados Unidos mesmo, havia um objetivo básico, condensado na expressão *save their sight*, que previa materiais e métodos de ensino com a utilização mínima da visão. Nesse caso, a opção era afastar-se do déficit e priorizar as vias substitutivas não afetadas.

Essa tendência, até então estável e generalizada, começou a ser questionada. Alguns dados bastante significativos, expressos em relatórios norte-americanos do início dos anos de 1960, apontavam que em torno de 60% das crianças legalmente cegas registradas na *American Printing House for the Blind* apresentavam um nível de visão que excedia à percepção de luz, o que significa dizer que tais crianças, embora categorizadas como cegas, percebiam mais coisas no ambiente além de luz. Muitas delas, ensinadas a ler em braille, chegavam até a usar informalmente material impresso como principal meio de leitura (Jones, *Blind Children*: Degree of Vision Mode of Reading, citado por Barraga, 1977), embora as escolas especiais da época não valorizassem a visão, mas sim o tato e a audição, como mencionado anteriormente.

Com base em dados dessa natureza, especialistas começaram então a se perguntar se a perpetuação da condição de cegueira não estaria se dando, por consumir "menos tempo e energia, tanto por parte do estudante como do professor" (Barraga et al., 1985, p.1), já que investir no desenvolvimento de aparelhos sensitivos intactos poderia constituir um processo mais simples e menos sofrido do que buscar o aperfeiçoamento de uma via sensorial comprometida.

Parecia ser necessário, pelo contrário, começar a valorizar a visão[3] de que eventualmente se pudesse dispor, e que recebeu a denominação de *visão subnormal*, mais recentemente *baixa de visão*,

---

3 Visão – processo de olhar, ver e perceber, por meio do sentido da visão. Percepção é aqui compreendida como *interpretação*, em nível cerebral, de imagens e mensagens enviadas a partir da retina. A córtex cerebral deve, para isso, proceder a uma significativa utilização das mensagens codificadas. Essa habilidade de interpretação pode ser incrementada por meio de experiências estruturadas (Jose, 1989).

referindo-se à condição daquelas pessoas que, por possuírem alguma visão residual,[4] distinguiriam-se das demais, efetivamente cegas. Fazendo uma retrospectiva das origens de sua hipótese de intervenção, Barraga relata que naquela época eram feitas muitas suposições errôneas a respeito do que crianças e adultos seriam ou não capazes de fazer, por se tomar como base apenas os diagnósticos médicos.

Quando crianças pequenas são diagnosticadas como cegas em termos de medidas padronizadas da acuidade,[5] tomadas a distância, há uma tendência a aceitá-las como válidas para prognósticos educacionais, mesmo que essas crianças possam ter uma visão de perto útil, porém não desenvolvida. Em razão de se observar repetidas vezes materiais visuais trazidos para muito perto dos olhos, ou pelo uso de materiais ampliados, algumas crianças podem desenvolver uma considerável eficiência visual,[6] mesmo quando o exame oftalmológico não revela um índice numérico ou aponta uma medida muito baixa da acuidade. Se houver pouco incentivo a oportunidades não planejadas para o desenvolvimento e uso da visão de perto, tais crianças podem ter poucas experiências que estimulem o desejo e a necessidade de se esforçarem por desenvolver a visão que eventualmente possam ter. (Barraga, 1977, p.1)

Essa autora e colaboradores, portanto, passaram a trabalhar investigativamente sobre dados de observação segundo os quais

> mesmo quando uma severa imperfeição da visão está presente no nascimento ou se apresenta precocemente, há evidências suficientes para se inferir que o desenvolvimento visual, tanto nas funções ópticas como perceptivas segue, em geral, uma seqüência semelhante àquela encontrada em crianças sem imperfeição. Porém, os jovens e adultos

---

4 Visão residual – qualquer grau de visão que, embora não descritível em termos numéricos, poderia ainda assim ser aferido clinicamente por meio da percepção de luz, de objetos e dos próprios dedos das mãos, em nível suficiente para permitir à pessoa discriminar e reconhecer visualmente materiais compatíveis com a extensão da perda de visão (Jose, 1989).
5 Acuidade visual – medida clínica de nitidez e claridade da visão para discriminação fina em distâncias específicas. É uma atividade retiniana (Jose, 1989).
6 Eficiência visual – grau para o qual tarefas específicas podem ser desempenhadas com facilidade, conforto e tempo mínimo, dependendo de contingências de variáveis pessoais e ambientais (Barraga, 1977).

que nunca usaram sua visão subnormal para propósitos funcionais, ou que tiveram sua visão restaurada por procedimentos médicos, apresentam falhas no desenvolvimento das funções ópticas e perceptivas. (Barraga et al., 1977, p.387)

Por isso,

a privação sensorial nos primeiros anos de vida, decorrente de imperfeições visuais, pode inibir o desenvolvimento estrutural e funcional da retina e das vias nervosas para o cérebro. Da mesma forma, a área de recepção visual na córtex permanece não desenvolvida, pelo fato de que a maturação do sistema visual total é dependente de experiências visuais. (Woodruff, "The visually 'at risk' child", citado por Barraga et al., 1977, p.389)

Começou-se a comprovar que a visão "é uma função que se aprende e que sua qualidade pode ser melhorada" (Hyvarinen, s. d., p.25), com a finalidade de torná-la uma visão funcional.[7] Assim sendo, o desenvolvimento do sistema visual, quando existe um impedimento, não se dá de forma automática e nem é espontâneo – deve ser estimulado. A constância e diversidade dos estímulos apresentados *ensinam* uma pessoa com visão subnormal, progressiva e consistentemente, a ver melhor, o que poderia sugerir uma alteração radical das condutas tradicionalmente instituídas em relação aos processos de educação e reabilitação de pessoas com déficits das habilidades visuais,[8] na expectativa de responder a algumas questões que surgiram:

1 A falta de oportunidades educacionais ricas em experiências visuais teria impedido, ou evitado, o desenvolvimento de discriminações visuais e o reconhecimento a distância dos materiais que crianças com visão subnormal seriam capazes de ver, de fato, a distâncias muito pequenas?

---

7 Visão funcional – "habilidade visual suficiente para utilizar informações visuais no planejamento e/ou execução de uma tarefa" (Corn, 1983, p.373-7).
8 Habilidades visuais – "funções orgânicas mensuráveis, incluindo acuidade visual, funções do lobo occipital, sensibilidade a cores e luzes, mobilidade e coordenação ocular e campo visual. Essas funções podem ser alteradas por doenças, anomalias ou traumas" (Corn, 1983, p.28).

2 Um período relativamente curto de ensino individualizado, com materiais educacionais apropriados, poderia aumentar a habilidade de algumas crianças e promover o uso mais efetivo da visão subnormal?

3 Em uma avaliação qualitativa da visão funcional, características individuais diferenciadas poderiam ser identificadas nas crianças com visão subnormal? (Barraga, 1977, p.6)

Mais especificamente, haveria e, neste caso, quais seriam então as evidências, oriundas desse primeiro estudo, para justificar argumentos sobre a eficácia das experiências de aprendizagem planejadas com o objetivo de promover a eficiência no funcionamento visual? Em sua tese de doutoramento, Barraga (1977) tinha o propósito de determinar se o comportamento visual de crianças cegas[9] com visão remanescente poderia ser melhorado significativamente após um período de treinamento com instruções específicas e materiais apropriados.

Para conduzir sua pesquisa, selecionou dez pares de crianças cegas com visão remanescente e idades entre seis e treze anos, com as quais trabalhou, duas a duas, por um período de tempo variável, mas não superior a 45 minutos durante as manhãs, nas escolas residenciais para cegos em que estavam matriculadas. Acredita-se que esse tenha sido o primeiro experimento a utilizar controle, materiais ampliados e adaptados e instrumento de avaliação especialmente projetado para esse tipo de estudo, numa época em que não havia nenhum instrumento padronizado disponível. A pesquisadora buscou fundamentação nos trabalhos de Hebb e Montessori, respectivamente sobre a teoria neuropsicológica da percepção visual, e sobre aprendizagem, estabelecendo uma

> seqüência progressiva de lições para discriminação e reconhecimento visual, por meio de estágios organizados segundo uma seqüência de desenvolvimento:

---

9 Crianças cegas, nesse caso, recebem essa denominação porque eram aquelas classificadas como legalmente cegas ou portadoras de cegueira legal que, nos Estados Unidos, refere-se à acuidade visual central de 20/200 (0.1) no melhor olho e com correção, ou acuidade maior do que 20/200, mas um campo visual não maior do que 20° (Barraga, 1977).

Estágio I – Estimulação tátil e visual para discriminação e reconhecimento de formas geométricas em sólidos pretos e em formas só mediante o contorno: ordenando progressivamente, por tamanho, da esquerda para a direita.

Estágio II – Estimulação visual para discriminação e reconhecimento de formas de objetos em sólidos pretos, contornos em desenhos e contornos com detalhes internos envolvendo categorias, usos e descrição por intermédio de palavras.

Estágio III – Estimulação visual para discriminação e reconhecimento de objetos, dentre um grupo de objetos; similaridades e diferenças entre objetos; estórias com gravuras; discriminações de figura-fundo, discriminação e reconhecimento de letras.

Estágio IV – Estimulação visual para discriminação e reconhecimento de símbolos e palavras combinadas com gravuras; discriminação e reconhecimento de palavras, frases e sentenças, sem gravuras. (p.112)

A pesquisadora concluiu que os

dados do experimento sugerem, com muita ênfase, que crianças cegas com visão residual podem melhorar sua eficiência até níveis nos quais seja possível usar a visão subnormal para fins educacionais, de maneira mais efetiva, se uma seqüência planejada de estimulação visual for empregada nos primeiros anos de escolaridade. Um curto período de ensino, intensivo e individualizado, demonstrou a possibilidade de mudar a "performance" visual de crianças, como avaliado pelo teste de discriminação visual. (p.71)

Houve um aumento de mais de dez pontos no escore médio do grupo experimental. Exceto uma criança, todas as demais que receberam estimulação visual por meio das lições (ou treinamento) melhoraram seus escores de 5 a 21.5 pontos.

No decorrer do capítulo "Discussão", a pesquisadora descreve o desempenho de uma criança, em particular, que não fornecia indicadores de uso de sua visão subnormal: tinha uma habilidade muito pequena para realizar *fixação* e apresentava uma dificuldade extrema para identificar estímulos bastante próximos. Seu escore no pré-teste havia sido o mais baixo obtido por qualquer uma das outras crianças do grupo experimental. Assim mesmo, completou quinze lições, embora no nível mais baixo, demonstrando fascínio pelos materiais que podia ver. Sua professora relatou que, durante o experimento, ela começou a se interessar por livros de figuras, uma atividade até então nunca realizada. Em contrapartida, aponta que os dados obtidos não foram adequados para proporcionar evidências de que a acuidade visual para perto poderia aumentar ou ser significativamente diferente entre os grupos, como resultado da estimulação visual realizada durante um período curto de tempo. A despeito da falta de conclusões definitivas, as crianças com os mais baixos graus de visão parecem ter tido maiores ganhos na acuidade de perto, do que as crianças cuja visão, inicialmente, já era maior (p.88).

Nas décadas que se seguiram, os caminhos apontados com essa primeira pesquisa, as limitações surgidas em relação à metodologia e a ausência de parâmetros para o instrumento de avaliação da condição visual constituíram alvo de novas pesquisas, resultando numa gradativa ampliação e aprimoramento do programa de ensino desenvolvido por Barraga para promover a utilização da visão subnormal. Em 1970, publica-se a *Escala de eficiência visual* e, em 1980, o *Programa para desenvolver a eficiência do funcionamento visual* (Barraga & Collins, 1980), cujo conteúdo contempla desde os reflexos visuais até percepções complexas, hierarquizadas segundo embasamento teórico da autora e colaboradores.

> Replicações do estudo original (Ashcroft, Halliday & Barraga, 1965; Holmes, 1967; Tobin, 1973) com crianças em idade escolar, usando uma variedade de materiais comercializados ou feitos pelo próprio professor, têm comprovado a eficácia de experiências de aprendizagem, para promover a eficiência do funcionamento visual. (Barraga et al., 1977, p.387)

Outros pesquisadores detiveram-se na utilização do procedimento em questão com crianças menores, com múltipla deficiência, ou ainda crianças cujo funcionamento visual era mais baixo do que aquele estudado originalmente (p.387). Mais recentemente, são encontrados outros trabalhos que também sustentam a tese de que a aprendizagem e a prática podem melhorar a eficiência visual, defendendo o desenvolvimento de programas para estimulação da visão baseados em estratégias planejadas (Leguire et al., 1992, p.33). Alguns outros estudos (Fellows et al., 1986; Goetz & Gee, 1987; Leguire et al., 1992), embora partindo do pressuposto de que devem ser dispendidos esforços para valorização do uso eficiente da visão, estabelecem uma crítica maior à fundamentação teórica na área e propõem procedimentos mais minuciosos para uma compreensão mais aprofundada da natureza da estimulação visual e suas implicações.

Contradições metodológicas à parte, após o trabalho iniciado por Barraga, o conceito de deficiência visual passou a não mais se referir a um conjunto indistinto de pessoas genericamente educadas como cegas, mas sim àquelas que, por diferentes razões, apresentam restrição total ou diminuição da capacidade visual, seja por alteração no próprio olho ou nas vias ópticas (deficiência visual periférica), seja por alterações visuais decorrentes de transtornos em nível cerebral (deficiência visual central ou cortical) (São Paulo – Estado, 1987; Veitzman, 1992).

Contudo, a categoria genérica – deficiência visual – resistiu, e ainda resiste, a alterações, tanto em termos de explicitar objetivamente a quem se refere, como também por ter sido, por tantos anos, sinônimo de *cegueira*.

Em estudo realizado no ano de 1966, a Organização Mundial de Saúde identificou "mais de 65 diferentes definições de cegueira que eram usadas para estatísticas em vários países" (Colembrander, "Dimensions of visual performance", citado por Barraga, 1989, p.84). Por essa razão, constituiu um grupo de estudos encarregado da padronização das definições.

No entanto, somente no ano de 1978, pela primeira vez, o termo visão subnormal[10] foi introduzido na nona revisão da Classificação Internacional de Doenças:

> Uma pessoa com visão subnormal é alguém que possui um impedimento no funcionamento visual, mesmo após tratamento médico e/ou uso de correção padronizada, e conta com uma acuidade visual compreendida entre 6/18 pés e chegando até percepção de luz, ou um campo visual menor do que 10° a partir do ponto de

---

10 Na literatura internacional o termo encontrado é *low vision*. Por essa razão, muitos profissionais da área, no Brasil, referem-se às pessoas com visão subnormal (VSN) como portadoras de *visão baixa*, ou, ainda, como *pessoas com baixa de visão*.

fixação, mas que usa, ou é potencialmente capaz de usar a visão, para planejar e/ou executar uma tarefa. (WHO, 1992, p.7)

Em 1984, Faye definiu visão subnormal como uma

anormalidade bilateral tanto da acuidade como do campo visual, causada por um distúrbio do sistema visual. O defeito pode ser no globo ocular (córnea, íris, cristalino, humor vítreo ou retina), no nervo óptico ou na córtex visual. Pode ser hereditário, congênito ou adquirido. Por definição, a acuidade visual dos indivíduos com visão subnormal não pode ser incrementada até níveis de desempenho normal por meio do uso de óculos convencionais ou lentes de contato, e mesmo aqueles que apresentam acuidade visual normal, terão o campo suficientemente prejudicado, a ponto de impedir um desempenho normal. (Lawrence et al., 1992, p.7)

Com base nesses critérios – acuidade e campo – tornou-se possível avançar em relação às práticas anteriores, por meio de um detalhamento mais preciso das perdas visuais. Porém, é importante considerar que, mesmo assim, os critérios quantitativos obtidos em situação clínica, portanto mais artificial, dificultam uma compreensão sobre a natureza dos níveis de redução.

Além disso, mais recentemente, a Organização Mundial de Saúde tem mostrado preocupação com o uso de uma definição que se baseia na acuidade visual tomada à distância e conclui que seria necessário formular uma nova definição de visão subnormal orientada por dois aspectos: "utilidade da visão residual e importância de se testar a visão de perto" (WHO, 1992, p.5), porque essa visão é usualmente melhor do que a acuidade à distância sugere. "Portanto, a avaliação deve incluir medidas da acuidade de longe e de perto, bem como avaliação da visão funcional, ou seja, o uso da visão em tarefas comuns, triviais" (p.3). "Portadores do mesmo grau de acuidade podem apresentar níveis diferentes de desempenho visual" (São Paulo – Estado, 1987, p.9), o que evidencia, realmente, a necessidade de se tentar avaliar e desenvolver a qualidade do resíduo visual.

Como também alerta Masini (1994, p.83), essa "delimitação pela acuidade visual tem, porém, para fins educacionais, mostrado ser pouco apropriada, dando-se preferência àquela referente à eficiência visual". Segue ainda a mesma autora citando a definição educacional sugerida pela American Foundation for the Blind, segundo a qual a criança portadora de visão subnormal é aquela que "conserva visão limitada, porém útil na aquisição da educação, mas cuja eficiência visual, depois de tratamento necessário, ou correção, ou ambos, reduz o progresso escolar em extensão tal que necessita de recursos educativos" (p.83).

Portanto, considera-se visão subnormal como

> um nível de visão que, mesmo com uma correção padronizada, impede um indivíduo de realizar planejamento visual ou execução de tarefas, mas permite aumentar ou realçar a visão funcional, por meio do uso de auxílios ópticos ou não ópticos, modificações ambientais e/ou técnicas. (Corn, 1989, p.28)

O conjunto de conhecimentos produzidos ao longo de três décadas mostrou, sem dúvidas, que a eficiência visual é passível de aprimoramento em razão da aprendizagem. As discordâncias existentes dizem respeito às estratégias empregadas para promover o desenvolvimento da visão, o grau do impacto causado por essa habilidade sobre o desempenho das pessoas como um todo, em diferentes situações e contextos.

As mudanças em relação ao valor atribuído à estimulação da função visual, em busca de um aprimoramento, representaram, portanto, uma nova filosofia que influiu sobre a proposição de outras formas de atendimento às pessoas com visão subnormal, mas com repercussões bastante diferenciadas sobre as práticas educacionais em vigência no mundo todo. Barraga (Bina, 1985) relata que nos Estados Unidos, em princípio, houve muito ceticismo em relação às suas hipóteses e suas conclusões, especialmente por parte dos professores. Mesmo no decorrer da década de 1980, quando então o conceito de visão subnormal já era amplamente divulgado, somente de 20% a 30% do tempo nos programas de treinamento eram devotados à estimulação da visão residual de crianças. Segundo sua análise, isso deveu-se ao fato de que os professores ofereciam resistência ao que se contrapunha à formação que tiveram, exigindo-lhes que aceitassem novas responsabilidades. A pesquisadora relata ainda que os professores, em princípio, imaginavam que o novo enfoque exigiria um tempo demasiadamente longo, com resultados nem sempre previsíveis, já que praticamente cada criança tem características e necessidades próprias.

Em relação à publicação de resultados de pesquisas nessa área, a literatura internacional é extensa, especialmente a norte-americana, que é aquela a que se tem mais acesso. No entanto, Warren (1984) aponta problemas em relação ao tipo de natureza das pesquisas que são realizadas. O autor afirma que pouco se sabia e ainda pouco se sabe a respeito, e apresenta algumas das razões para justificar suas preocupações. Há uma tendência de estabelecer comparações entre todas as áreas do desenvolvimento de crianças com visão subnormal e cegas com as de crianças dotadas dessa via sensorial. Na verdade essa comparação é improcedente, pois são *mundos* diferentes, porque partem de pressupostos também diferentes. Warren discute que, metodologicamente, a abordagem comparativa é perigosa porque o sistema visual de crianças videntes e não videntes serve a diferentes propósitos e desempenha um papel específico na recepção de informações. Em termos de objetivos, o autor enfatiza que buscar a otimização do desenvolvimento não deve ser sinônimo de se tentar a igualdade e a equivalência no curso do desenvolvimento, ambas almejadas pelas pesquisas comparativas.

Um outro aspecto considerado pelo mesmo autor é que a população de deficientes visuais é extremamente heterogênea em relação a um conjunto de variáveis, como idade cronológica, nível de desenvolvimento, visão residual, etiologia, época em que se começou a perder a visão e duração da perda, por exemplo. Uma revisão da literatura na área demonstrou que, não raro, os participantes de pesquisas têm sido selecionados e agrupados com base em critérios grosseiros e supersimplificados.

Apesar das dificuldades e limitações, atualmente, no âmbito da pesquisa norte-americana, muitos progressos estão sendo registrados. Permanecem ainda, porém, significativas lacunas sobre os efeitos dos prejuízos na área visual para o desenvolvimento de crianças, especialmente nos primeiros anos de vida, período que infelizmente tem sido totalmente negligenciado pelos pesquisadores. Indo além, Warren (1984) destaca que muito do que se conhece em cada uma das áreas do desenvolvimento refere-se ao comportamento em si mesmo e não em relação às circunstâncias nas quais ele ocorre.

Parece bastante provável que tal situação seja fruto, basicamente, dos métodos pelos quais têm sido obtidas informações sobre as habilidades das crianças. Métodos de observação são empregados muito mais freqüentemente que os de intervenção, apesar de todas as limitações que resultam dessa opção. Portanto, o conhecimento disponível informa pouco a respeito de que condições poderiam ser alteradas e/ou estabelecidas buscando um aprimoramento do processo ensino-aprendizagem. Nesse sentido, o referido autor faz as suas conclusões, e também aconselha os demais pesquisadores quanto a aspectos que deveriam ser levados em consideração no momento de proposição de novos trabalhos de pesquisa:

> em quais aspectos crianças sem visão são similares às videntes de mesma idade e em quais não são; que fatores produzem diferença entre seus desenvolvimentos; o que pode ser feito com o objetivo de se produzir uma otimização do desenvolvimento; e o que pode ser feito no sentido de se tentar minimizar atrasos que já tenham ocorrido. (Warren, 1984, p.2)

O CONCEITO DE VISÃO SUBNORMAL (BAIXA DE VISÃO) NO BRASIL E O OBJETIVO DO ESTUDO

No Brasil, o conhecimento a respeito do conceito de visão subnormal, bem como o atendimento a deficientes visuais, é ainda mais restrito por força de uma série de fatores próprios de nossa realidade e de nossa história.

Como mencionado anteriormente, a *era de negligência* em nosso país durou até praticamente o início dos anos 60 do século XX. Analisando o quadro reinante para a educação dos deficientes mentais, Mendes (1995) destaca o vazio existente até então, um longo período em que o Estado não se fez presente, exceto por uma ou outra iniciativa descontextualizada em que começa a se fortalecer

> a iniciativa privada, em sua maioria com instituições de natureza filantrópica sem fins lucrativos, provavelmente em função da omissão governamental, que forçou uma mobilização comunitária para preencher a lacuna do sistema educacional brasileiro, principalmente para o atendimento dos casos mais graves de deficiência mental. (p.277)

Esse não foi, no entanto, um *privilégio* que ocorreu apenas no atendimento aos deficientes mentais, mas uma realidade para toda a educação especial. Nas décadas de 1940 e 1950, praticamente todo atendimento voltado para a excepcionalidade esteve nas mãos das entidades filantrópicas e assistenciais, com tendência à ampliação.

Essa ampliação da rede privada de atendimento ao excepcional ocorrida nas décadas de 60 e 70 refletiu, em primeiro lugar, a importância cada vez maior que essas entidades foram assumindo dentro da educação especial ... A segunda característica marcante dessa ampliação foi a distinção crescente entre as entidades filantrópico-assistenciais, que se dirigiram à população deficiente oriunda dos extratos mais baixos da classe média e das classes baixas, e as empresas prestadoras de serviços de reabilitação e educação, voltadas para a população de poder aquisitivo elevado. (Bueno, 1993, p.95-6)

Marcada pela privatização e pelo assistencialismo, a educação especial não deixou de crescer (apenas na modalidade – classes especiais para atendimento de casos mais leves) em termos de vagas nas escolas públicas no decorrer das décadas de 1970 e 1980, porém não "em número suficiente para ultrapassar o crescimento populacional, significando, portanto, estagnação ou mesmo redução do número de vagas em relação à demanda" (Bueno, 1993, p.120).

A priorização das entidades privadas em detrimento do ensino público pode ser comprovada analisando-se o repasse de verbas públicas no custeio da rede privada de educação especial, por meio dos dados apresentados por Bueno (1993).

Em se tratando do atendimento a crianças especiais com menos de sete anos de idade, a situação agrava-se ainda mais, pois, ao passo que "as matrículas na educação pré-escolar nas instituições privadas perfazem 80,2% da sua totalidade, as do ensino público somam apenas 13,5%" (p.135).

A essa informação é preciso acrescentar outra, bastante importante, que diz respeito à capacitação de recursos humanos para a educação especial. Segundo o autor citado, no final de 1977 "foram habilitados 305 professores de deficientes mentais e 145 professores de deficientes auditivos", mas "não se formou, nesse período, nenhum professor de deficientes visuais e físicos" (p.131).

Dados obtidos informalmente no ano de 1992 davam conta de que havia 26 professores habilitados atuando em toda a rede pública oficial, 18 na Grande São Paulo, e alguns desses professores eram, eles mesmos, portadores de visão subnormal. Segundo a Coordenadoria de Estudos e Normas Pedagógicas (CENP) da Secretaria da Educação do Estado de São Paulo, "aproximadamente 99,5% dos deficientes visuais em idade escolar não estão recebendo qualquer atendimento educacional" (São Paulo – Estado, 1987, p.13).

Dados apresentados em 1994 davam conta da existência de 110 salas de recursos para deficientes visuais no Estado de São Paulo, que é a modalidade de atendimento mais utilizada por essa população que freqüenta o primeiro e o segundo graus (hoje, respectivamente, ensino fundamental e médio). Desse total, 48 estavam situadas na capital do Estado e 62 distribuídas pelo interior (Masini, 1994).

Por toda essa situação, é possível, portanto, compreender por que o conhecimento acerca do conceito de baixa visão é ainda tão pouco presente na realidade educacional: praticamente não há realidade educacional para o deficiente visual. Não existem recursos humanos numericamente expressivos sendo formados e a área é completamente dominada pelas concepções vigentes nas entidades privadas mais tradicionais, que ainda conservam o modelo de atendimento que prioriza o cego, o deficiente visual total.

A pergunta que talvez pudesse ser feita, em face das questões mencionadas, refere-se ao que representaria o conceito de baixa visão em termos de atitudes educacionais em nosso meio.

Seguindo o caminho da inserção em ambientes educacionais normais, crianças com visão subnormal poderiam estar freqüentando classes regulares, contando apenas com o uso de auxílios ópticos (se houvesse necessidade) e com adaptações no material e no ambiente.

Isso, no entanto, parece ainda muito distante. Para a educação comum, o deficiente visual continua sendo compreendido como de responsabilidade exclusiva da educação especial. Aliás, seja por seus aspectos conceituais, metodológicos ou políticos, a conjunção de fatores tem mantido os dois atendimentos funcionando separadamente.

Obviamente existem iniciativas e modelos de atuação que não se enquadram nessa situação. Contudo, em termos do país, e mesmo do Estado de São Paulo, essa tem sido a condição mais comum. Além da escassez de recursos para a área e da resistência a mudanças que se faz presente, o desconhecimento que cerca o deficiente visual e o cego talvez se deva também ao fato de que, em relação aos demais deficientes, esta é uma população relativamente pequena. Apesar de não haver dados estatísticos, a aplicação dos índices de estimativas internacionais por área de deficiência sobre dados do IBGE de 1989 apresenta como resultado uma incidência de 0,5% da população (Mazzotta, 1993).

No meio acadêmico, as dificuldades situam-se, segundo entendimento da autora do presente trabalho, na pouca *atratividade* da área, quando analisada do ponto de vista da quantidade e qualidade dos livros e periódicos geralmente disponíveis nas bibliotecas. A produção de literatura no Brasil ainda é pequena. Em sua maioria, são publicações oficiais nas quais se encontram definições nem sempre atualizadas e dados sobre incidência. Encontram-se também traduções de livros genéricos que, ao enfocar todas as deficiências, dedicam-se novamente a definir, classificar e apresentar estimativas de incidência de deficiência visual para países desenvolvidos e em desenvolvimento. Fazendo-se levantamento de anais de congressos e reuniões científicas, constata-se que muito raramente são apresentados trabalhos de pesquisa, nessa área, enfocando a realidade do nosso país.

Pensando nas questões até aqui relacionadas, parece relevante que sejam desenvolvidos estudos que investiguem o comportamento de crianças com visão subnormal (baixa visão) em relação a programas de treinamento.

A realização de estudos no ambiente escolar também parece ser importante pelo fato de que as interações ocorridas nessa situação são decisivas para o desenvolvimento de toda criança. Como enfatiza Vigotski (1989, p.110-6), "a aprendizagem escolar dá algo de completamente novo ao curso do desenvolvimento da criança", porque "orienta e estimula processos internos de desenvolvimento".

Uma outra razão para o desenvolvimento de estudos em que se acompanhe crianças submetidas a programas especiais no próprio programa escolar relaciona-se a uma conclusão que vem sendo extraída por muitos pesquisadores com base em estudos conduzidos *na esteira* da obra de Barraga. Segundo suas posições, após o histórico estudo realizado por essa autora com crianças com visão subnormal em idade escolar,

> nos anos que se seguiram, os princípios do treinamento da eficiência visual têm sido estendidos a bebês com deficiência visual e alunos de todas as idades com múltiplas deficiências, sem evidências de que tais intervenções causem qualquer diferença no uso *funcional da visão*. (Ferrel & Muir, 1996, p.364 – grifo meu)

Tais pesquisadores são porta-vozes de um grupo maior que tem se pronunciado a respeito da falta de evidências quanto à generalização das funções visuais para outras situações em que tais funções são pertinentes, procurando justificar, com base nisso, a eliminação definitiva de programas de estimulação que priorizem apenas o ensino de habilidades viso-perceptivas, em detrimento de outros tipos de intervenções educacionais.

A condução da pesquisa no ambiente escolar, portanto, pareceu ser uma opção relevante, tendo em vista a possibilidade de permitir a análise do papel da estimulação, não apenas durante o treinamento, mas também no que concerne às demais atividades realizadas na escola, de maneira a obter informações mais conclusivas a respeito da transferência que esses autores dizem não ocorrer.

Uma outra razão para o desenvolvimento de estudos na escola é que se trata de um ambiente ideal para se examinar como vão sendo construídos os preconceitos contra o deficiente. Quando uma criança começa a freqüentar a escola, principia, sistemática e intencionalmente, a se relacionar com diferentes pessoas que trazem para o convívio as regras do controle social e reproduzem, nesse universo mais restrito, as concepções segundo as quais as práticas sociais são instituídas. Portanto, é o ambiente escolar um contexto bastante importante quando se pretende enfocar a deficiência e pessoas portadoras de deficiências. É nesse universo mais amplo que o familiar que acabam por se consolidar os mecanismos responsáveis pela construção social da deficiência, ou seja, a história do indivíduo excepcional, freqüentemente marcada por um desenvolvimento de sentimentos de inferioridade, o que limita seu potencial e ocasiona efeitos deletérios em sua auto-imagem e níveis de expectativa. (Tunes et al., 1993, p.11)

Como afirma Omote (1994, p.67-8), a

deficiência não pode ser vista como uma qualidade presente no organismo da pessoa ou no seu comportamento. Em vez de circunscrever a deficiência nos limites corporais da pessoa deficiente, é necessário incluir as reações de outras pessoas como parte integrante e crucial do fenômeno, pois são essas reações que, em última instância, definem alguém como deficiente ou não-deficiente ... Significa que a deficiência não é algo que emerge com o nascimento de alguém ou com a enfermidade que alguém contrai, mas é produzida e mantida por um grupo social na medida em que interpreta e trata como desvantagens certas diferenças apresentadas por determinadas pessoas.

Dessa forma, cria-se, como definiu Omote, uma tendência comum de classificação dessas diferenças em categorias distintas, à parte mesmo da categoria das chamadas pessoas convencionais de um grupo social. Nesse sentido, o caráter conspícuo da deficiência visual tem levado a sociedade, em geral, e a escola, em particular, a exacerbarem a diferença, atribuindo-lhe um caráter de incompetência.

Porém, como bem enfatiza Ribas (1992, p.5),

já se torna lugar-comum dizer, hoje em dia, que as pessoas deficientes estão estigmatizadas na (sic) nossa sociedade. Muito já se falou sobre preconceitos e discriminações. É preciso, portanto, avançar o raciocínio no sentido de buscar todos os elementos que constroem e configuram a identidade estigmatizada.

Em virtude de todas essas considerações, o objetivo do presente estudo foi acompanhar uma criança com visão subnormal, submetida a um programa de treinamento para incentivar o uso da visão, e observar suas respostas ao programa e ao ambiente escolar, realizando atividades e solicitações inerentes a ele.

PARTE 2

3 O INÍCIO DO TRABALHO NA ESCOLA

FUNDAMENTOS TEÓRICOS DO PROGRAMA DE ESTIMULAÇÃO USADO COMO REFERÊNCIA

O *Programa para desenvolver a eficiência no funcionamento visual*, elaborado por Natalie C. Barraga e publicado pela American Printing House for the Blind, constituiu o material usado como referência para definição das estratégias que compuseram a intervenção que ora se descreve. Os motivos pelos quais se utilizou esse programa são brevemente apontados no texto em seqüência.

Barraga foi a primeira pesquisadora a levantar a hipótese de que pessoas consideradas cegas poderiam ter, ainda assim, uma visão residual que, se estimulada, poderia ser aperfeiçoada, a ponto até de tornar-se uma via sensorial útil. Considerado um trabalho pioneiro, a *primeira ferramenta* utilizada no treinamento da visão subnormal foi, ao longo do tempo, replicado em diversas partes do mundo. O estudo original suscitou uma série de outros estudos, nos quais os autores testaram hipóteses relativas ao aperfeiçoamento do uso da visão por meio de treinamento específico, de maneira que hoje é possível afirmar que a capacidade de visão pode, freqüentemente, ser melhorada pelo uso de um programa instrucional. Além disso, a escala de eficiência visual proposta por Barraga foi traduzida para sete línguas. Nos diferentes países em que foi utilizada realizaram-se acompanhamentos para verificar sua adequação a diferentes realidades raciais e culturais, o que fez que se chegasse à conclusão de que o trabalho pode ser usado efetivamente com todas as raças e em todas as culturas (WHO, 1992).

A própria autora, juntamente com pesquisadores do Departamento de Educação Especial da Universidade do Texas em Austin, Estados Unidos, revisou as proposições originais do início da década de 1970, e a síntese desse empreendimento encontra-se publicada em três artigos.[1]

O programa de estimulação desenvolvido por Barraga & Collins assenta-se sobre o pressuposto teórico de que o desenvolvimento visual e perceptual em crianças portadoras de deficiência deve tomar como referência o padrão identificado em crianças com visão normal e que, por esse motivo, o programa de aprendizagem deve almejar uma similaridade com esse padrão. Quando há treinamento adequado, mesmo que a criança tenha uma deficiência visual severa, o desenvolvimento, seja nos aspectos ópticos, seja nos perceptuais, geralmente segue uma ordem semelhante àquela presente no desenvolvimento de toda e qualquer criança, no qual emergem padrões fisiológicos e comportamentais numa seqüência ordenada e consistente, mas que está sujeita a flutuações até, efetivamente, estabilizar-se. Segundo os autores, o que garante a estabilização, em linhas gerais, é a intensidade e diversidade na estimulação para *olhar*, definido nesse contexto como "o ato de usar os olhos para procurar e examinar objetos visíveis" (Barraga & Collins, 1979, p.124). E é apenas, e tão-somente, por meio desse *olhar* que o desenvolvimento da função visual[2] acontece, nos seus aspectos ópticos[3] e perceptivos.[4] Porém, se uma criança não consegue obter informações visuais consistentes, ou não as

---

1 Todo o conteúdo escrito a seguir, como intuito de caracterizar o programa no qual o trabalho em questão se espelha, diz respeito às obras citadas. Por esse motivo, no texto foram abolidas as referências que, por se repetirem reiteradamente, acabariam atrapalhando a leitura. Manteve-se apenas o número das páginas usadas, em caso de citações literais. Barraga et al., 1977, p.387-91; Barraga & Collins, 1979, p.121-6; Barraga & Collins, 1980, p.93-6.
2 Função visual: ação fisiológica do sistema visual, em resposta a coisas observadas.
3 Funções ópticas: habilidades relacionadas ao controle e uso dos músculos internos e externos, bem como de estruturas do olho.
4 Percepção visual: habilidade de compreender, interpretar e usar informações visuais.

consegue compreender, haverá um desinteresse pela utilização dessa via sensorial. Em nível cortical, a área de recepção deixa de se desenvolver, pois, para que haja maturação, é preciso que ocorram experiências visuais significativas. Para entender melhor essa afirmação, bastante genérica, é preciso que sejam assinalados alguns pontos pertinentes à questão.

Todo o sistema nervoso não se encontra completamente mielinizado por ocasião do nascimento, e o nervo óptico não foge à regra. Mas há um aspecto específico. Embora a maturação do sistema nervoso siga uma orientação céfalo-caudal e próximo-distal, os componentes periféricos do sistema visual mielinizam-se antes que a mácula situada na região mais central da retina, por exemplo. Em uma situação comum, cotidiana, assim aconteceriam as coisas. Porém, em patologias, a mielinização pode não se dar de maneira efetiva, deixando de abarcar o sistema como um todo, especialmente em estruturas de maior complexidade.

Estudando a plasticidade do sistema nervoso, Annunciato (1994) afirma que ela não é importante apenas em processos patológicos nos quais se exige uma reorganização após processos lesionais, "mas assume também funções extremamente importantes no funcionamento normal do organismo". As conexões nervosas não são determinadas exclusivamente por um programa genético. Pelo contrário, as "funções neuronais de adaptações dependerão de condições do ambiente", levando em consideração que os processos responsáveis por essa plasticidade do sistema

> são direcionados por atividade neural e, por conseguinte, são influenciados através de estimulação periférica, uma vez que todas as percepções do nosso corpo e do meio que nos rodeia são captadas e conduzidas ao neuro-eixo através dos sistemas dos sentidos. (p.4)

As células nervosas transmitem informações, de umas para as outras, por meio de sinapses. Os neurônios motores tratam da conversão da percepção em reação, ao passo que os neurônios sensitivos reagem quando os receptores periféricos são estimulados. Contudo, tais neurônios não reagem indistintamente, mas são organizados, em áreas, para responder a estímulos específicos, o que se convencionou chamar de organização neurofuncional. Essa organização, porém, pode ser alterada, tal como se constatou com base em estudos realizados em pessoas com lesões cerebrais localizadas, por causa de uma capacidade de reorganização cortical. Annunciato, citando os trabalhos de Pöppel (1982), afirma que

> pacientes com lesões e ou distúrbios no campo visual cortical (áreas 17, 18 e 19) podem obter uma visível melhora por meio de repetidas estimulações visuais, e que essa melhora não ocorre apenas com a estimulação visual que temos no dia-a-dia em nosso meio ambiente. É necessário utilizar alguns exercícios como, por exemplo, a estimulação com pontos luminosos, os quais devem ser observados atentamente pelo paciente. (Annunciato, 1994, p.7)

A reorganização das funções neuronais, escreve o mesmo autor, ocorre segundo duas possibilidades:

1 Formam-se novas conexões em razão do crescimento de novos axônios e dendritos das células já existentes (*sproutings*, que significa brotar, germinar)
2 Fortalecem-se conexões que, até então, ou haviam sido *pouco utilizadas* ou se *manifestavam fracamente* (Annunciato, 1994, p.8)

porque, quando sinapses são utilizadas com uma certa freqüência, intensidade e duração, elas potencializam os seus efeitos.

Do ponto de vista de medidas terapêuticas, "tanto o treino quanto a formação de uma função através de *sprouting* (por exemplo, com a colaboração de outros campos corticais) podem ser possíveis e repletos de significado" (Annunciato, 1994, p.11).

Assim, o conceito de plasticidade neural, responsável por alterações da topografia funcional do sistema nervoso, pode facilitar a compreensão sobre as razões pelas quais um programa de treinamento da visão residual tem possibilidade de ser bem-sucedido, seja quando aplicado em situações nas quais existe um comprometimento de estruturas centrais, seja quando a restrição acontece em nível das estruturas do olho, de maneira a impedir ou dificultar que os estímulos luminosos passem pela retina, pelo nervo óptico e alcancem a córtex visual. Por essa razão, é tão importante que o treinamento com crianças comece o mais cedo possível. No caso de jovens e adultos que nunca usaram a visão com

propósitos funcionais, ou que foram submetidos a procedimentos médicos para restituí-la mas não foram ensinados a usá-la, permanece a situação original de privação sensorial. Sem um ensino organizado, impressões esparsas não podem ser lembradas.
O trabalho feito por Barraga et al. (1977) defende a interação inequívoca entre três fatores, como os pressupostos que o embasam: a) existem funções desempenhadas pelo sistema visual; b) as tarefas realizadas devem tomar como referência os marcos do desenvolvimento percepto-cognitivo; c) a estimulação precisa levar em consideração as condições físicas dos ambientes, tanto interna como externamente. Porém, existem outros aspectos que os referidos autores assinalam como também importantes para a definição das estratégias pertinentes à atuação: natureza e extensão da deficiência (visual), idade da pessoa, bem como sua capacidade de entendimento, e um levantamento das oportunidades para aprender a usar a visão nas atividades cotidianas da pessoa no período anterior à intervenção, especificando tipo e oportunidades para a promoção do *olhar* e tarefas visuais realmente realizadas sob todas as condições ambientais.

É interessante que os autores definem a existência de *potencial* para desenvolvimento das funções visuais quando está presente também a possibilidade de que a luz entre pelos olhos, seja por incidência direta sobre eles, seja refletida para os olhos quando oriundas de objetos. Dessa maneira, a esmagadora maioria de pessoas com deficiência visual disporia de alguma condição a ser considerada, dado que o número de casos de deficiência total, sem qualquer percepção de luz, é pequeno. Para os autores, portanto, mesmo que seja somente nos itens iniciais, o programa de estimulação contempla aspectos a serem trabalhados.

No programa para o desenvolvimento da eficiência do funcionamento visual, são explicitadas, em três colunas, as funções visuais, as tarefas a serem realizadas e as condições do ambiente. As funções visuais são subdivididas em três categorias: ópticas, ópticas e perceptivas e viso-perceptivas, como mencionado anteriormente.

Em Barraga & Collins (1979, p.125), encontram-se referências que visam a caracterizar as funções citadas.

1 Funções ópticas

São aquelas associadas primariamente com o controle fisiológico dos músculos internos e externos do olho, com o propósito de possibilitar *a fixação, o seguimento, a acomodação, a focalização e o movimento*.

Os autores enfatizam que, em pessoas com visão subnormal, algumas funções ópticas podem ocorrer em certas situações mas não em outras, ante a natureza da deficiência, da patologia ou das características de visibilidade presentes no ambiente. Não são, portanto, funções imutáveis, mas sim sujeitas a variabilidade, dependendo das condições presentes na situação.

2 Funções ópticas e perceptivas

São consideradas interdependentes, pois à medida que as funções ópticas ficam mais estabilizadas e sujeitas a um maior controle voluntário ou por reflexo, a interpretação perceptual ganha consistência. Por sua vez, porque há discriminação e reconhecimento, o *olhar para* torna-se mais intenso e acaba por contribuir para que as funções ópticas fiquem mais refinadas.

3 Funções viso-perceptivas

São aquelas que têm as duas anteriores como pré-requisitos, e que exigem eficiência na identificação e percepção de relações entre todos os tipos de objetos e materiais visíveis, segundo diferenciação figura/fundo, relação parte/todo e todo/partes, associações visuais, reconhecimento de objetos e símbolos em condições de luz e contraste pobres e síntese de informações visuais descontínuas.

Organizado em oito sessões (A-B-C-D-E-F-G-H), o programa tem como padrão de referência a *performance* visual observada em pessoas sem comprometimento dessa via sensorial. No treinamento de visão subnormal, a seqüência progressiva pode não acontecer e as últimas sessões também podem não ser atingidas.

Pessoas com visão subnormal têm características individuais e capacidades adaptativas que influenciam o desempenho visual quando as condições do ambiente mudam. Isso faz com que projetar um programa com características generalizantes seja uma tarefa difícil. (Barraga & Collins, 1979, p.126)

Por isso os próprios autores admitem a introdução de modificações ou adaptações, por parte do profissional que esteja conduzindo o treinamento, para ajustar o programa às condições orgânicas e psicológicas, bem como à idade cronológica de cada pessoa com visão subnormal ou baixa de visão.

Com relação à tarefa de decidir quais dentre as lições contidas no programa de estimulação são as mais apropriadas para iniciar e desenvolver o processo de utilização da visão residual, Barraga & Collins (1980) ressaltam que é preciso, com objetividade, determinar, especificar e descrever as características do funcionamento visual para, de posse dessas informações, selecionar o ponto de partida para a intervenção. É o momento, designado pelas autoras pela sigla DAP (*Diagnostic Assessment Procedure*, ou seja, Procedimento de Avaliação Diagnóstica), como um

> processo de avaliação e interpretação de características do comportamento, incluindo julgamentos objetivos e subjetivos, e recomendações derivadas de observação e apreciação individuais, bem como interpretação de todos os dados pertinentes à situação. (Barraga & Collins, 1980, p.94)

No decorrer do artigo, no entanto, as próprias autoras apontam limitações quanto à utilização do DAP para avaliar pessoas com idade mental inferior a três anos ou portadoras de deficiências múltiplas, classificadas nos níveis severo ou profundo. Em casos assim, outros procedimentos seriam mais indicados.[5] Por essa razão, no trabalho aqui relatado, acatando a sugestão das autoras, o material escolhido foi aquele proposto por Langley & DuBose (1976), ao qual foram também associadas as orientações encontradas em Cote & Smith (1989).

---

5 Langley, M. B., DuBose, R. F. *DASI: Developmental Activities Screening Inventory*, 1977; Croft, N. B., Robinson, L. W. *Project Vision-up*, 1976; Stillman, R. (Ed.) *The Callier-Azusa Scale*, 1978.

Para os autores citados, o profissional da área educacional tem um papel de destaque no processo de avaliar a visão. Essa tarefa tem sido atribuída, com exclusividade, ao médico oftalmologista, mas ele a tem realizado com hesitação, pois, de acordo com reiteradas referências encontradas na literatura, são numerosas as dificuldades presentes na avaliação de crianças com deficiências graves aliadas a algum tipo de problema visual. Por essa razão,

> em centros nos quais uma equipe multidisciplinar avalia as crianças, os especialistas em visão tendem a confiar na informação sobre visão funcional fornecida pelo professor que tenha sido treinado para fazer diagnóstico. (Langley & DuBose, 1976, p.346)

Em especial nos casos de deficiências múltiplas em que a criança apresenta mais dificuldade para informar, a avaliação funcional será mais confiável se os professores realmente participarem da avaliação, pois são as pessoas mais familiarizadas com a utilização da visão no dia-a-dia. Do contrário, numa avaliação formal da acuidade visual na qual são utilizados instrumentos e aparelhos, facilmente a criança se distrai, perde o interesse ou fica com medo da situação, não consegue responder por que não entende o que lhe está sendo perguntado ou acaba respondendo de maneira não confiável.

A avaliação, portanto, apresenta-se como uma tarefa de responsabilidade do professor, que é quem detém o conhecimento sobre como as crianças usam funcionalmente sua visão e pode fornecer aos médicos oftalmologistas informações valiosas. Mas, para tanto, os autores ressaltam a importância e sugerem a necessidade de que sejam feitas também observações da criança em situações variadas, tais como no ambiente de sala de aula, na área livre e no decorrer da alimentação ou da higiene, períodos nos quais são identificados os padrões de movimentos exibidos e as respostas sensoriais e posturais da criança em relação à presença ou ausência de estímulos, sejam eles auditivos, visuais ou táteis.

Segundo Cote & Smith (1989), em relação a esse universo de informações, os aspectos merecedores de mais atenção são: mudanças na postura, movimentação e/ou inclinação da cabeça, tensão ou esforço facial, ajustamento do corpo e possíveis colisões da pessoa com objetos ou obstáculos. Portanto, a avaliação funcional da visão constitui o primeiro passo no planejamento de programas educacionais relevantes para atender às necessidades de crianças com deficiências severas. Obtendo mesmo que indicações não refinadas sobre campo visual, olho preferencialmente usado, distância na qual a criança trabalha mais eficientemente com vários tamanhos de objetos e nível de complexidade do estímulo visual que pode ser satisfatoriamente interpretado, o professor estará assumindo muito mais um papel de planejador do que apenas de executor.

Para compreender a organização dos itens que compõem o instrumento de avaliação elaborado por Langley & DuBose, é preciso mencionar que tais autoras buscaram fundamentação teórica no trabalho de Sheridan,[6] que segmentou a acuidade visual em dois processos distintos – *olhar* e *ver*, assim definidos:

- *Olhar*: processo fisiológico que depende de mecanismos visuais intactos para a recepção, pelo olho, de padrões de luz móveis ou estáticos, sombra, cores e matizes, com transmissão dessas informações para o sistema nervoso central.
- *Ver*: processo psicológico que combina percepções e conceitos para, ante o estímulo visual, interpretar seu significado.

Em relação a crianças portadoras de deficiência múltipla acompanhada de deficiência visual significativa, a maioria delas dispõe ainda de uma visão funcional que lhes permite *olhar* mas não *ver*, em razão de experiências e repertório cognitivo limitados. Além dessa distinção, as referidas autoras tiveram a preocupação de não incluir tarefas que, além da visão, envolvessem também outras habilidades, basicamente direção e identificação de figuras, porque apontam que o resultado da avaliação poderia refletir, equivocadamente, uma limitação cognitiva "que se faria passar" por visual.

Embora conduzida informalmente, a avaliação não deveria deixar de ser realizada de maneira sistemática. São cinco os tópicos gerais presentes no roteiro, cuja tradução completa, feita pela autora do presente trabalho, encontra-se no Anexo.

---

6 Sheridan, M. D. *Manual for the Stycar Vision Tests*, 1973.

I   Presença e natureza da resposta visual;
II Reação ao estímulo visual;
III Distância e tamanho dos objetos e figuras;
IV Integração dos processos visuais e cognitivos;
V   Integração dos processos visuais e motores.

A avaliação das condições visuais específicas deve tentar identificar, primordialmente, se há presença ou ausência de respostas visuais, e o tipo de estímulo visual (por exemplo: luz, cor ou movimento) ao qual a criança possa responder.

Na primeira seção, em que se procura verificar a presença e natureza de respostas visuais, as autoras Langley & DuBose sugerem a utilização de uma caneta-lanterna para a avaliação da reação pupilar, do desequilíbrio muscular, do reflexo de piscar, da perda e do campo visual preferencialmente usado pela criança. Em todos esses itens, cabe ao professor perceber o tipo de reação exibido em resposta ao estímulo e estabelecer uma hipótese sobre as condições visuais, em relação a possíveis alterações de anatomia ou fisiologia dos olhos e das vias ópticas. Já a partir do item "f", o material utilizado pode passar a ser um objeto visualmente atraente, porém não iluminado, diante do qual a criança deve apresentar um desempenho que implique seleção ou escolha, portanto mais complexo. Nessa situação, não basta ao avaliador observar um reflexo ou uma reação, porque cabe à criança expressar seu interesse, sua motivação e sua possibilidade de agir, mesmo que de maneira tênue, sobre o ambiente.

Essa tendência aparece mais pronunciada no item seguinte, que se refere às reações da pessoa ante certos estímulos visuais (brinquedos, por exemplo), nos quais o tempo de atenção exigido para que ela consiga empreender uma exploração visual passa a ser maior, como também se faz necessária uma interpretação de até três informações não simultâneas, mas dispostas seqüencialmente no espaço e no tempo.

A partir da terceira seção, a criança é incentivada a movimentar-se no ambiente próximo, passa a existir uma interação mais efetiva entre o professor e a criança e, pela primeira vez, é necessário que se dê uma instrução verbal para que a atividade de encontrar objetos dispostos em diferentes locais seja realizada.

Nos tópicos de números IV e V, o desempenho visual aparece integrado às funções cognitiva e motora, respectivamente, e, nas duas situações, o objetivo primordial para as autoras é identificar o nível de complexidade do estímulo visual que a criança pode interpretar satisfatoriamente, entendendo-se por satisfatório o critério de reconhecimento da identidade do estímulo por meio da visão, mesmo que essa não seja a via sensorial funcionalmente preponderante.

No item referente à integração entre os processos visual e cognitivo, em razão das informações já obtidas anteriormente, o avaliador deve estar seguro de que as possíveis dificuldades ou mesmo impossibilidades apresentadas pela criança não acontecem em conseqüência apenas da limitação visual. Ao avaliar aspectos relativos à busca de objetos que "desapareçem" do campo visual, que novamente "reaparecem", ou que devem ser localizados exclusivamente pela pista auditiva, o professor estará lidando com conceitos e um nível de compreensão por parte da criança que até então não havia se apresentado e sem o qual qualquer resposta torna-se inviável.

No último tópico, a ênfase da observação deve recair, segundo as autoras, na constatação de se a criança emprega uma abordagem muito mais tátil do que visual, procurando destacar em que medida a eficiência do desempenho motor substitui o visual, ou mesmo o antecipa e o conduz, de maneira a inverter a ordem do binômio viso/motor. Torna-se importante observar também quais cores, formas, configurações ou figuras a criança consegue parear, a que distância do material o emparelhamento correto acontece e quando o desempenho deixa de ser possível.

O conteúdo até aqui apresentado teve por objetivo mostrar as razões pelas quais um programa de estimulação da visão residual foi escolhido para orientar o trabalho que aqui se descreve. Procurou-se mostrar também os principais fundamentos teóricos nos quais os autores basearam-se para construir o referido programa. Ao final, foram expostos os motivos pelos quais um outro material, destinado à avaliação da visão funcional, foi também selecionado adicionalmente para utilização.

Cabe salientar, porém, que, embora se tenha procurado garantir a concepção dos autores citados quanto à aplicação, a autora concedeu-se o direito de usar as sugestões de seqüência e de atividades com a autonomia que julgou necessária ante as características da situação na qual o trabalho de estimulação desenvolveu-se e cujo processo encontra-se descrito nos capítulos que se seguem.

A AVALIAÇÃO FUNCIONAL DA VISÃO COMO PONTO DE PARTIDA PARA INTERVENÇÃO

A definição dos passos referentes à estimulação que se desenvolveu ao longo do ano foi precedida por uma sistematização das informações já conhecidas, obtidas por meio de observações realizadas até aquele momento, mas que agora iriam se somar a um outro conjunto delas, conseguido mediante a aplicação do instrumento de "Avaliação funcional da visão para crianças com deficiência mental severa" (Langley & DuBose, 1976), cuja versão traduzida para o português encontra-se no Anexo. É importante salientar também que, acatando sugestão presente na literatura (Jose et al., 1980), muito mais relevante do que apenas registrar a presença ou ausência de respostas, faz-se necessário investigar as circunstâncias nas quais uma resposta ocorre e atentar para detalhes, a iluminação da sala, tipo, tamanho e distância da criança em relação aos objetos e possíveis variações, uso ou não de ambos os olhos, desempenho independente ou assistido e presença de comportamentos outros associados àqueles em processo de avaliação. A síntese do que se conseguiu apurar encontra-se relatada no texto em seqüência.

Alice demonstrava reflexo de piscar e reação pupilar à luz de caneta-lanterna (*penlight*) apresentada a 30 cm de distância, em ambiente semi-escurecido. Havia também um desequilíbrio muscular, responsável pela condição já referida quando se tratou do diagnóstico inicial e sua interpretação: os olhos não manifestavam movimentação coordenada. Segurando uma caneta-lanterna a aproximadamente 40 cm de distância dos olhos, a luz refletida diferia de um olho para o outro e, em ambos, o ponto luminoso aparecia fora do centro da pupila. O deslocamento da cabeça para realizar a focalização sugeria uma perda do campo visual central (CVC), acompanhada de aparente integridade no campo visual periférico (CVP), mas essa conclusão precisava ainda ser confirmada. Constatou-se que o campo visual de preferência era o direito e o olho de preferência, o esquerdo. A escolha entre dois estímulos idênticos apresentados simultaneamente nos campos visuais, tanto esquerdo como direito, indicou a referida preferência, bem como uma resistência maior à tentativa de ocluir o *melhor* olho, ou seja, aquele com o qual a criança conseguia o resultado visual mais eficiente.

Havia, portanto, comportamentos visuais que, da perspectiva da anatomia e funcionalidade do sistema visual, diferiam do padrão normal e habitualmente encontrado, bem como uma impossibilidade de seguir (acompanhar com os olhos) o deslocamento de luz ou objetos pelo campo visual nas quatro direções especificadas no roteiro da avaliação, em decorrência do nistagmo e da falta de controle e domínio sobre a musculatura voluntária. Além dessa dificuldade em nível muscular, a presença de escotoma (área cega ou parcialmente cega no campo da retina) prejudicava-lhe o movimento de seguir, uma vez que o escotoma dá à pessoa a sensação de que o estímulo "desaparece" durante seu percurso, obrigando-a a substituir a trajetória contínua por movimentos de busca e localização, tal como acontecia com *Alice*.

Uma vez respeitado seu posicionamento de cabeça, a criança procurava alcançar brinquedos, mostrando, com isso, a possibilidade de se desenvolver um trabalho para estimular a integração viso-motora. Contudo, para tal seria necessário incentivar a manutenção do interesse em *olhar para*. Em relação à transferência de atenção (mudança de olhar) e exploração visual, constatou-se a mesma dificuldade evidenciada na situação de seguimento. Cabe lembrar que todo o item II – Reação ao estímulo visual – realizou-se a uma distância que variou entre 10 e 30 cm, dependendo das condições e tamanho do estímulo usado.

Quanto ao item referente a distância e tamanho de objetos e figuras, confirmaram-se as habilidades de localizar e observar brinquedos nas distâncias já identificadas: objetos grandes, tais como bolas *de parque* a 2 m, miniaturas a 15/20 cm e objetos médios de até 10 cm, a 1 e 1,5 m de distância. O emparelhamento de objetos grandes ou pequenos não foi possível, mas aparentemente, pelo menos em parte, em razão da limitação cognitiva e não exclusivamente do déficit visual.

Os itens referentes à busca visual, causalidade, permanência e conceito do objeto, bem como interesse, foram registrados como presentes no repertório de habilidades de *Alice*, sem deixar de considerar toda a descrição já feita sobre seu desempenho visual que, evidentemente, moldou as características das topografias das respostas em cada um dos cinco itens citados.

A integração viso-motora mostrou-se seriamente comprometida e, em determinadas condições, até inexistente, pelo fato de *Alice* usar preponderantemente o tato em detrimento da visão, inviabilizando, por completo, a montagem de quebra-cabeças mesmo que simples, bem como todo e qualquer emparelhamento.

Concluindo, as informações oriundas da avaliação, sob forma de observação provocada, resultaram numa síntese descritiva de algumas características consideradas relevantes para *mapear* o desempenho funcional da visão e sugerir pistas para a intervenção: acuidade visual muito baixa; pouca sensibilidade a contrastes; campo visual reduzido; ausência de coordenação binocular; bom desempenho em ambiente escurecido; maior dificuldade de adaptação à luz, que lhe causava ofuscação; visão para cores ainda não avaliada e controle motor prejudicado para movimentação da musculatura dos olhos, nas funções de fixação, acomodação, seguimento e focalização.

Nos encontros mantidos com a criança, foi possível perceber que ela já estava entendendo mais as solicitações que lhe eram feitas, assim como tentando responder a elas. Era como se o seu mundo confuso começasse a se organizar a partir da ação de pessoas dispostas a ajudá-la a compreender o ambiente à sua volta, por meio de um acesso maior a informações significativas, explicações e vocabulário adequado, o que ressalta o papel atribuído à linguagem no processo de aprendizagem e generalização das informações sensoriais (Kephart, 1990). Por essa razão, julgou-se que *Alice* deveria retornar à clínica oftalmológica para se submeter a outra tentativa de avaliação da visão. Passados quase trinta dias entre a consulta anterior e aquela que ali se realizava, pela primeira vez foi possível *medir* a acuidade visual da menina, em razão de uma eficiência visual que começava a se desenvolver, aliada a um aprimoramento da capacidade da criança de fornecer informações corretas e confiáveis. A medida da acuidade, segundo a profissional da área de ortóptica que empreendeu a avaliação, foi de 10/ 300 ou 0,03, valor que situava a visão residual na faixa de redução severa, segundo classificação da Organização Mundial de Saúde.

Com base nas observações e conclusões dessa profissional, o principal indício de que a criança começava a responder à estimulação foi a manifestação de uma das quatro funções óculomotoras, a *fixação* (as outras três são: *seguir, explorar* e *ajustar* ou *acomodar*), fundamental para o uso eficiente da visão. *Alice* apresentava um aumento no tempo dedicado à exploração visual, especialmente ao manipular objetos dotados de atrativos.

A intervenção constituiu-se de dois momentos diferentes. O primeiro deles refere-se ao treinamento específico, realizado primordialmente em ambiente reservado, numa condição de interação entre mim e *Alice*. O segundo diz respeito ao ambiente de sala de aula, envolvendo também a professora, outros alunos, a programação em andamento, as atividades didáticas e os materiais pedagógicos, e a *inserção* da criança nesse contexto. No primeiro caso, portanto, houve uma intervenção direta, ao passo que, no segundo, a professora realizou a função de mediadora. Para viabilizar tal função, foram necessários contatos freqüentes e orientações, discussão e trocas de idéias que resultaram no processo de ensino que aqui se apresenta. Evidentemente, na dinâmica do cotidiano, as duas situações interligaram-se compondo uma unidade e, para que esse caráter não se perca, procurar-se-á, ao mesmo tempo, descrever cada uma delas, mas de maneira integrada, tal como de fato ocorreram.

Vale ressaltar também que o termo *estimulação* foi aqui empregado com um sentido mais geral, referente ao processo como um todo, ao passo que *treinamento* indica as várias etapas ou momentos do processo que, reunidos, constituíram a referida estimulação.

As atividades coletivas foram realizadas na própria sala de aula, ou nas demais dependências do CER, tais como parque, refeitório e sala de multimeios.

O trabalho individualizado transcorreu em um espaço improvisado, no local onde eram guardados materiais diversos, remédios, equipamentos de som e livros infantis. No *vitraux* havia uma cortina de cor clara, insuficiente para que se conseguisse escurecer o ambiente. Por essa razão, quando necessário utilizar luzes de lanternas num local mais escurecido, colocava-se um cobertor, por cima dessa cortina. Além de um armário de aço fechado, um arquivo e duas estantes abertas, havia nessa sala apenas mais uma mesa e quatro cadeiras pequenas, compatíveis com o tamanho de crianças. Esse era, portanto, o mobiliário do espaço físico cedido para que se realizasse o atendimento a *Alice*. Foi o melhor que se pôde conseguir, mas as condições eram pouco adequadas: o *vitraux* estava posicionado muito no alto, de maneira que a parede abaixo dele projetava uma sombra sobre a mesinha em que *Alice* realizava algumas atividades, a iluminação artificial não podia ser utilizada direcionalmente, e o tamanho da sala e a disposição dos móveis restringiam as possibilidades de variações nos posicionamentos tanto de objetos como de pessoas. Além disso, havia sempre algum tipo de interrupção, pois os outros profissionais da unidade escolar precisavam entrar para pegar coisas lá guardadas, ou esqueciam-se de que o atendimento estava sendo realizado e, simplesmente, entravam. Apesar desses problemas, o fato de ter conseguido um lugar específico para o treinamento, em que não estivessem sendo realizadas simultaneamente atividades de outras naturezas, foi positivo.

De posse de todas as informações sobre o desempenho visual da criança, era necessário planejar a intervenção. Como já exposto, havia sido decidido que se iria trabalhar tomando por base as orientações e sugestões para o aprimoramento da eficiência visual.

Nos anos pré-escolares, uma vez havendo resposta à luz, o diagnóstico médico não possibilita estimar totalmente, e com exatidão, o potencial para o desenvolvimento. Por isso, deve compor o plano instrucional não uma seqüência rígida de lições, mas sim as atividades mais necessárias e ajustadas tanto à condição visual como ao nível geral de compreensão da criança. Ou seja, os autores ressaltam que o roteiro deve servir apenas como norteador da ação e incentivam a flexibilidade no uso do material, bem como valorizam o profissional que também planeja o trabalho com pessoas portadoras de visão subnormal ou baixa de visão. Tais observações fazem-se necessárias para deixar claro que a decisão sobre quais funções e comportamentos exigir da criança baseou-se em critérios ou parâmetros oriundos de todo o contexto de avaliação, mas que se esteve alerta, todo o tempo no decorrer do ano, para introduzir ajustes ou mesmo reformulações que se mostrassem necessários.

A tarefa era, então, estudar uma maneira de definir uma relação coerente entre o planejamento do programa baseado nas etapas do desenvolvimento visual e a programação estabelecida pela professora para atender às necessidades do grupo de alunos de sua classe. O vínculo entre as duas situações deveria ser bem pensado para que ambas mantivessem suas respectivas identidades, mas que, ao mesmo tempo, contribuíssem para a existência de cooperação recíproca.

Assim considerando, o treinamento começou pelo primeiro e segundo dos objetivos propostos no âmbito das funções ópticas. Tais objetivos, embora correspondam ao patamar de desenvolvimento de bebês normais entre um e doze meses, significam levar crianças maiores, ou mesmo adultos que ainda não utilizam a visão, a tornarem-se conscientes do fato de que há alguma coisa para ser vista, como também encorajá-los a continuar olhando. No capítulo destinado às instruções para cada população, as próprias autoras alertam que "quando o desenvolvimento mental está marcadamente atrasado, somente as lições selecionadas nas primeiras duas ou três funções poderão ser adequadas" (Barraga & Morris, 1985, p.4).

A finalidade dos exercícios da primeira seção, portanto, foi "estimular a consciência[7] [em relação à presença] dos objetos no campo visual e ... favorecer a procura e a exploração visual, a fim de que a informação visual possa ser recebida" (p.19). A finalidade das atividades da seção seguinte foi criar condições "para desenvolver e fortalecer o controle voluntário do movimento dos olhos,

---

7 O termo consciência é usado aqui com o sentido de conhecimento.

[bem como] estimular a atenção visual e favorecer o desenvolvimento da discriminação de cor e tamanho" (p.28). Obviamente, os exercícios da primeira seção antecederam os da segunda, porém, como procurar-se-á mostrar a seguir, não havia a exigência de que cada um deles fosse sendo superado para que se passasse para o seguinte. Pelo contrário, as funções óculo-motoras de fixação, acomodação, seguimento e focalização, básicas para todas as demais aquisições, foram sendo adquiridas e aperfeiçoadas segundo treinamento realizado ao longo do ano, que era a única forma por meio da qual seria possível compelir tais funções para que passassem a ser exercidas voluntária ou automaticamente, dependendo da especificidade de cada uma delas. Isso significa dizer que, no decorrer do período letivo daquele ano, as referidas funções não deixaram de ser estimuladas, buscando-se seu contínuo aprimoramento.

Nas duas primeiras vezes em que estive no estabelecimento escolar para começar o trabalho com a criança, permaneci com a professora e os alunos na sala de aula, e acompanhei-os quando se dirigiram à área livre. Para essas ocasiões, selecionei e levei alguns materiais destinados à manipulação. O objetivo era fazer que, posteriormente, *Alice* estivesse mais familiarizada com certos elementos da nova situação e não a estranhasse. A terceira sessão já foi realizada na sala destinada ao atendimento individual, mas a professora ainda esteve presente e participando. Apenas a partir do quarto encontro, a aluna passou a ir sozinha, sem resistência, o que nos pareceu, tanto à professora quanto a mim, que a transferência de um ambiente para o outro havia sido tratada com cuidado e respeito à criança. Certamente, uma transição gradual não constitui exigência para toda e qualquer criança, mas, no caso de *Alice*, foi importante para que se sentisse confiante e participasse bem.

A seção era subdividida em duas ou três partes, dependendo do planejamento, do objetivo pretendido e da situação que se apresentava no momento. Na primeira parte era, geralmente, realizado o trabalho com luzes, objetos iluminados ou de alto contraste, manipulados e movimentados por mim a distâncias variando de aproximadamente 15 cm a 1 m de distância de *Alice*, que permanecia em posição fixa. A finalidade era chamar e manter a atenção da criança sobre um estímulo específico, em diferentes posições. Inicialmente, o estímulo permanecia estático, porém, aos poucos, era deslocado no espaço, para incentivar a procura no campo visual com a manutenção do olhar em *contato* como referido estímulo por até três segundos. Ou seja, após uma fixação em fase de aperfeiçoamento, a ênfase do treinamento da eficiência visual, no que diz respeito às funções óculo-motoras, incidiria sobre as habilidades de *seguir* e *explorar*. Como também ensinam os autores Jose et al. (1980, p.4), "uma vez que a criança responda à luz, ela deve ser ensinada a segui-la em movimento".

Esse seguimento pode-se dar espontaneamente, isto é, a própria criança dirigindo a atenção para a luz. Porém, isso nem sempre é possível, por um conjunto de razões. Talvez possa ser necessário empregar ajuda física para virar, em princípio, a cabeça toda em direção à fonte de luz, até que a criança possa realizar o movimento com independência. O movimento de seguir com os olhos, porém, só começará a ocorrer quando cessar, voluntariamente, o movimento de seguir com toda a cabeça. Apenas em uma terceira instância será possível combinar os movimentos de seguir, tanto da cabeça quanto dos olhos, mesmo realizando movimentos em direções opostas, isto é, olhos para um lado e cabeça para o outro (Ibidem).

Mas, além da utilização de luzes, até com a redução gradual da intensidade e com a introdução das luzes coloridas, o treinamento que contemple o segundo conjunto de objetivos propostos pelos autores deve incluir também objetos iluminados e não diretamente iluminados, brilhantemente coloridos, com múltiplos padrões geométricos e de diferentes tamanhos. As ações por parte da criança envolvem a procura e localização, a focalização, o seguimento, o alcance e exame, a indicação e, por último, a aproximação da fonte de luz ou do objeto presente no campo visual. No caso de objetos iluminados, não havia a necessidade de reconhecer (identificar) a natureza desse objeto, mas apenas perceber sua presença. O ambiente escurecido aumentava o contraste entre o estímulo e o ambiente no qual era apresentado, potencializando, assim, o poder de chamar a atenção da menina, e, por essa razão, foi empregado.

Reiterando o que já foi mencionado, a preocupação nessa fase era incentivar a manutenção do olhar.

Feitas essas considerações, cabe ressaltar que os autores citados (Jose et al., 1980) propõem, como estratégia para facilitar o aparecimento do movimento de seguir, que outras pistas sensoriais possam ser combinadas durante a fase de aquisição mais inicial. Como exemplo, dão a sugestão de se entregar à criança a fonte de luz para que ela acompanhe seus próprios movimentos. Ao professor caberia a tarefa de orientar essa movimentação, complementando com uma ajuda verbal a respeito da trajetória. Alertam também para o fato de que "a falta de uma resposta pode indicar a necessidade de um treinamento, e não uma ausência de visão" (p.4).

Nesse sentido, apesar da dificuldade de *Alice* para exercer controle sobre a musculatura do olho, a ênfase do treinamento para desenvolver a eficiência visual foi levá-la a seguir objetos, nos planos horizontal, vertical, acompanhados posteriormente pelos movimentos circular e inclinado, com os estímulos apresentados a, no máximo, 30 cm de distância do rosto da criança.

No decorrer do primeiro bimestre, foram trabalhadas lições relativas aos objetivos específicos arrolados no Quadro 1, todos propostos por Barraga, visando desenvolver as funções ópticas.

O Quadro 1 mantém a seqüência e os números dos objetivos que constam do estudo original, mas elimina os objetivos que não foram trabalhados com *Alice* no período, pois foram postergadas as atividades nas quais ela teria que se deslocar em direção a estímulos colocados mais distantes, teria que fazer acompanhamento ou seguimento de trajetórias no espaço em perseguições contínuas complexas, além de ter que contar com a memória espacial para reproduzi-las. Foram mantidos os objetivos de número 15, ante o grande interesse de *Alice* por objetos, e o 20, que prevê o uso de bola, porque essa era uma brincadeira que lhe agradava, permitindo que fosse possível repeti-la várias vezes sem causar aborrecimento. Assim, até o término do mês de abril, realizaram-se também exercícios referentes aos objetivos de 8 a 11, 15 e 20, além dos sete primeiros (seção A), realizados integralmente.

Quadro 1 – Objetivos relacionados a funções visuais – ópticas – que se procurou atingir no decorrer do primeiro bimestre

Seções	Item/ Número	Objetivos
	1	Piscar ou reagir à luz.
A reações a estímulos	2	Virar os olhos, a cabeça e/ou o corpo como estímulos para a fonte de luz.
	3	Olhar para o objeto que reflete a luz em movimento.
	4	Manter o olhar por dois ou três segundos em direção à pessoa que se movimenta.
	5	Manter o olhar por dois ou três segundos em direção à própria mão.
	6	Manter o olhar em contato com objeto por três segundos.
B controle voluntário das respostas a estímulos	7	Observar e reagir diante de um objeto.
	8	Virar a cabeça na direção de objeto leve que esteja caindo.
	9	Alcançar e tocar objeto a distâncias entre 15 e 30 cm.
	10	Movimentar o corpo para alcançar o objeto.
	11	Olhar de uma luz para outra.
	15	Alcançar e examinar objetos.
	20	Rolar bola, segui-la com o olhar e ir até ela quando parar.

Como o leitor pode constatar, esses objetivos compreendem estimulação da visão e manutenção do olhar em diferentes direções por alguns segundos.

Embora já fosse de conhecimento que *Alice* apresentava reação física à luz, mesmo assim as atividades associadas ao primeiro objetivo não deixaram de ser feitas para que, por intermédio delas, fosse realizado um trabalho de estimulação. Em todas as demais tarefas pôde-se constatar uma permanência do olhar por aproximadamente dois segundos, após o que *Alice*, provavelmente não por falta de interesse, mas sim por não dispor de uma musculatura capaz de manter os olhos fixos num ponto ou objeto, desviava-os, tendendo a um estrabismo convergente seguido por um fechamento quase completo das duas pálpebras, num padrão bastante característico, verificado sempre em situações nas quais a menina fazia um esforço para fixar e focalizar.

No decorrer do mês de abril, fase em que também os objetivos da seção B começaram a ser trabalhados, passaram a constar das sessões de treinamento, o que chamei de segunda parte. Até então havia apenas o momento inicial, descrito anteriormente, em que *Alice* deveria reagir à estimulação, mas ainda não envolvendo o controle *voluntário* dos movimentos dos olhos, segundo a concepção desenvolvida por Barraga sobre o que seria esse controle voluntário, brevemente explicado no próximo parágrafo.

Para Barraga, e outros pesquisadores, embora haja uma movimentação além apenas dos reflexos, tais funções previstas na seção A não seriam propriamente intencionais, porque manter o olhar ou reagir diante dos estímulos previstos seria praticamente impossível à criança evitar, uma vez que dispusesse de resíduo visual. Seriam, portanto, realmente reações a estímulos.

No trabalho de estimulação percebeu-se que o desempenho visual de *Alice* apresentava alterações em relação ao padrão anterior. Não me foi possível observar mudanças nas distâncias usadas como marcos para apresentação dos estímulos. Porém, às mesmas distâncias, a eficiência visual estava maior, ou seja, havia mais precisão para localizar o estímulo e mais interesse em explorar visualmente um objeto. Em relação à transferência de atenção de uma luz para outra, o treinamento começou a 30 cm do rosto de *Alice* e, ao final do primeiro bimestre, a distância atingida foi de 50 cm, separadas uma da outra 40 cm. No material instrucional a orientação é de que se faça o exercício a 60 cm, mas com *Alice* isso não foi possível. Usando objeto, o máximo conseguido foi uma distância de 40 cm, e com luzes, 50 cm. Tal comportamento seria ainda passível de treinamento ao longo do ano.

O seguimento horizontal foi a única posição em que se observaram mudanças favoráveis de qualidade. Com ambos os olhos (AO) não havia continuidade no movimento. Para o observador, a impressão era que o movimento ocorria mais eficientemente quando o ponto de partida era o lado direito de *Alice*. Iniciada a trajetória em direção à linha média do corpo, os olhos iam assumindo uma posição de estrabismo convergente, interrompendo por completo o contato com a luz. Nessa situação era preciso chamar a atenção da criança para que ela voltasse a encontrar o estímulo luminoso. Cruzando a linha média em direção ao seu lado esquerdo, o olho direito já não realizava nenhum movimento horizontal, aparentemente por perda de campo visual periférico. Por essa razão, ao ser possível fazer essa movimentação, pôde-se começar a notar a presença de perda de campo também na região periférica da retina do olho direito. Obviamente, o seguimento horizontal da direita para esquerda de *Alice* só ocorria até a linha média, deixando de ser, portanto, da direita para a esquerda.

Isoladamente, o olho direito (OD) passou a realizar o seguimento de maneira mais suave e sem interrupções, numa extensão de aproximadamente 30 cm. Na movimentação do olho esquerdo (OE), por sua vez, foram observadas mais interrupções na trajetória, bem como um nistagmo bastante acentuado. Lembrando que parecia ser esse o olho dominante, a presença do referido nistagmo era mais um indicador dessa condição, tornando observável o esforço de *Alice* para manter a fixação *sobre* o estímulo.

ESTIMULAÇÃO DA VISÃO EM SALA DE AULA: O TRABALHO CONJUNTO COM A PROFESSORA

As informações até aqui apresentadas referem-se aos acontecimentos ocorridos no decorrer do primeiro bimestre do ano letivo, na situação individualizada de treinamento para estimulação da visão residual de *Alice*. Nesse trabalho, a principal questão que se colocava era como conceber o vínculo entre a estimulação específica, já bastante utilizada e estudada em diferentes países, e as situações e o contexto escolar local, com todas as suas características. Ou seja, o maior desafio era pensar o aprimoramento da visão, numa concepção funcional, mas não funcional apenas em tarefas planejadas e, de certa maneira, artificiais como acabam por ser as lições contidas no "guia", e sim num contexto real, regido pelas regras do cotidiano, em que se impõe a necessidade de que haja generalização dos comportamentos visuais para situações, tarefas ou atividades várias, em que as condições nem sempre são as mais ideais ou favoráveis e nas quais a percepção é mais um elemento a se somar a outros aspectos do desenvolvimento, tais como a cognição e a motricidade. Daí a importância de levar o trabalho de estimulação para o contexto escolar. Contudo, isso ainda é insuficiente. É necessário criar "vias de acesso" ligando as duas situações, especialmente se a criança em questão não estiver sob a responsabilidade de um professor com habilitação na área de deficiência visual ou com treinamento em visão subnormal.

A seguir relata-se o processo de acompanhamento do trabalho da professora de *Alice*, as reflexões e decisões tomadas em relação ao planejamento de ensino e os resultados obtidos com esse trabalho nos meses de março e abril.

A professora tinha uma preocupação, da qual eu também compartilhava, que era incentivar a aluna para que participasse de todas as atividades tal como os outros alunos, e que as adaptações e/ou adequações necessárias para sua integração escolar não surtissem efeito contrário ao esperado, contribuindo para acentuar sua exclusão e isolamento. Portanto, julguei que os motivos explicitados pela professora eram da maior relevância e deveriam ser lembrados a todo momento como forma de impedir a segregação. E foi com tal diretriz que as atividades começaram a ser realizadas.

A orientação fundamental dada à professora, de início, era empregar material com muito contraste, ou o contraste dele próprio (primeiro plano) com o fundo (segundo plano), ressaltando que esse material deveria ser muito simples e com os detalhes internos apenas em quantidade suficiente para permitir uma identificação. Não deveriam ser usados enfeites rebuscados, nem excesso de detalhes: em geral são tão conspícuos que impedem a visão do que é realmente relevante no e para o contexto de uma pessoa com visão subnormal. Pistas táteis seriam amplamente utilizadas, mas dentro de um programa de retirada gradual dessa ajuda até que a criança ficasse apenas sob controle do estímulo visual. Manipulações e/ou interações desacompanhadas ou desvinculadas do *olhar para* não deveriam ser incentivadas.

Assim foram gradualmente sendo organizadas as possibilidades de aprendizagem de *Alice*. A convivência com a aluna foi criando uma situação mais favorável à proposição de atividades e meios para realizá-las, fazendo com que a professora já não se sentisse tão temerosa em relação ao que fazer e passasse a estimular o envolvimento de *Alice*. Nessas circunstâncias, pôde-se observar uma mudança nas concepções da professora em relação a seu trabalho com uma criança com deficiência visual. Em princípio, o interesse da docente estava centrado em compreender melhor as limitações impostas pela deficiência num sentido genérico, mas, aos poucos, suas preocupações foram se deslocando e passaram a incluir, também, o conhecimento das características *teóricas* de uma visão afetada pela toxoplasmose congênita, o que não deixava de ser um avanço, mas ainda era o meio do caminho. Apenas no momento posterior, em que se envolveu na tarefa de provocar o aparecimento de situações estimuladoras, foi que, para essa professora, passou a fazer sentido o conhecimento das características da visão *dessa aluna*, afetada por toxoplasmose congênita. Isso significa dizer que a escolha do ambiente escolar como local para desenvolver o programa de estimulação parecia não estar trazendo vantagens apenas à criança envolvida, mas também à sua professora, uma vez que, no primeiro caso, a generalização poderia ser programada, e, no segundo, o *fazer pela necessidade de fazer* estaria sendo substituído pelo *fazer* baseado na reflexão que, sem dúvida, contribui efetivamente para mudanças nas formas de pensar e agir.

Na programação dos meses de março e abril, foram realizadas bem poucas atividades para as quais as crianças tivessem que ficar sentadas e trabalhando com algum tipo de representação em papel ou elaboração com papel. Elas ocorreram, mas a ênfase do bimestre foi o trabalho com o corpo como forma de expressão e conhecimento, a linguagem verbal, a integração social, o incentivo a certas habilidades perceptivas, cognitivas e motoras, bem como a formação de hábitos e atitudes. Em todas essas situações, o fato de incentivar *Alice* a *olhar para* criava condições para o aperfeiçoamento das funções óculo-motoras, desde que respeitadas as distâncias mais adequadas para objetos grandes, médios e pequenos, a sensibilidade aos contrastes, o número e natureza dos detalhes encontrados nos estímulos e a relação figura/fundo.

Em relação à linguagem, o objetivo era ensinar *Alice* a nomear seres, objetos ou ações. No caso de utilização de representações do mundo real – figuras ou fotografias, por exemplo –, a professora foi orientada a empregar uma cartolina ou cartão dotado de um orifício que, quando aplicado sobre o desenho, contribuía para "centrar" ou direcionar a atenção da aluna apenas para a parte do estímulo considerada foco. Em relação a crianças com acuidade visual baixa e pouco controle sobre a musculatura voluntária, esse procedimento pode ajudá-las a "encontrar" o que deve ser percebido visualmente e a explorar a parte visível do estímulo, favorecendo a atenção visual. Com *Alice*, a adoção dessa estratégia propiciou o desenvolvimento do interesse por gravuras, o que provavelmente não aconteceria se por si mesma a criança necessitasse selecionar do contexto, mesmo que simples, aquilo que fosse escolhido como o mais relevante.

Para incentivar a elaboração de pequenas estórias, a professora utilizou-se de fantoches de mão. Com o emprego desse recurso, percebeu-se que era possível levar *Alice* a empreender o esforço de manter os olhos na linha média. Depois de saírem das mãos da professora, eles eram entregues a *Alice* para que houvesse uma exploração visual mais detalhada e uma confirmação, por meio do contato físico, com o estímulo observado à distância de aproximadamente 20 cm. Essa estratégia levava a uma situação que priorizava o sentido distal sobre o proximal, mas ainda não prescindia desse último, em razão da importância a ele atribuída pela criança. Ou seja, em nenhum momento imaginou-se que, em decorrência da estimulação, a criança seria incentivada a somente empregar a visão. O que se definiu foi uma seqüência por meio da qual se procurava garantir que o que pudesse ser visto não fosse tocado previamente. A manipulação deveria suceder a identificação visual, sempre que possível, até o momento em que *Alice* pudesse "confiar" na informação obtida pelos olhos.

No trabalho com formas geométricas foram confeccionados dois materiais. O primeiro era constituído por círculos de madeira de aproximadamente 5 cm de diâmetro perfurados no centro e por um fio de material sintético preto usado para fazer varal. Os círculos foram pintados de cor laranja. Nessa atividade, além do fato de que havia uma forma geométrica sendo ensinada, havia um outro aspecto relacionado com o aperfeiçoamento da eficiência visual. Ao substituir um cilindro fino de madeira por um fio maleável, o propósito era estimular *Alice* a realizar a atividade olhando para ela, dado que na primeira opção ela poderia empregar exclusivamente a percepção tátil, mas na segunda isso seria um pouco mais difícil. Um outro aspecto é que encaixes em madeira são encontrados sempre na posição vertical e, de acordo com a hierarquia estabelecida no treinamento, dever-se-ia insistir no seguimento na posição horizontal. Também por ser um fio, e estar estendido horizontalmente, sua extensão pôde ser mais (1 m) do que normalmente seria se estivesse na vertical. É intenção destacar que o material similar disponível na sala de aula era constituído por contas que tinham o tamanho de botões de camisa.

O segundo dos materiais usados por *Alice* foi confeccionado pela professora com placa Duratex e lixa. Bastante conhecido por qualquer professor, constava de um círculo que se ajusta a um espaço da mesma forma e tamanho, recoberto com lixa preta. A placa Duratex também havia sido pintada de alaranjado, de maneira que o resultado era um bom contraste, e a lixa propiciava o apoio tátil que ainda se mostrava necessário.

Conforme já mencionado anteriormente, as atividades no papel foram sendo introduzidas aos poucos e realizadas com uma freqüência moderada. Nesse período, começaram a ser representados conceitos para os quais a professora já havia oferecido a oportunidade de aprendizagem por meio da atividade dos alunos e manuseio de objetos, tais como as noções de cheio/vazio e muito/pouco. Nas folhas de exercícios, foram usadas lixas de cores escuras, grãos, papel dobradura de diferentes tonalidades, madeira, palitos (de fósforo, de sorvete e aqueles usados para fazer "espetinhos"), fios grossos de lã, papel camurça, giz de cera do tipo estaca, papel-cartão, esponja de aço, botões coloridos e pincel atômico, entre outros. Dessa forma, todos os alunos realizavam o mesmo tipo de atividade, mas com certas adaptações no caso de *Alice*. O tamanho dos materiais utilizados com ela era mais ou menos o mesmo que daqueles usados pelos seus coleguinhas. A diferença estava na preocupação em apresentar todo e qualquer estímulo com muita definição, enfatizando apenas as linhas pertinentemente essenciais à preservação da forma desejada. Outro aspecto dizia respeito à não-apresentação simultânea de muitas informações de natureza visual. Era necessário separar ou distanciar os elementos, de maneira a incentivar a atenção e a discriminação visuais pelo fato de se usar a informação mais "limpa" e objetiva possível. Foi interessante observar, porém, que, conforme a professora preparava material para *Alice*, percebia-se que não apenas essa criança poderia se beneficiar com essas adaptações, mas a classe toda, especialmente no que dizia respeito à escolha de cores, que passou a ser um aspecto para o qual a professora começou a dedicar mais atenção.

Em se tratando do ensino de cores, é comum encontrar-se, nos materiais didáticos e planejamentos voltados para a pré-escola comum ou especial, uma orientação muito bem instituída, a ponto de tornar-se mesmo uma "regra", ainda que informal: a de iniciar-se o trabalho com cores primárias, em especial a vermelha. Na situação que aqui se descreve, essa parecia não ser a melhor opção, pelos motivos apresentados a seguir e que foram objeto de conversas com a professora de *Alice*. A criança apresentava lesões na região central da retina, onde se localizam os cones (células fotoreceptoras que absorvem preferencialmente luzes de uma determinada cor – ou comprimento de onda – e são responsáveis pela chamada visão fotópica). Por essa razão, parecia bastante provável que ela apresentasse dificuldades não apenas no reconhecimento, que é a habilidade para nomear o que é visto, mas também na identificação da referida cor. Em virtude de alguns aspectos, a seguir descritos, a professora foi orientada a principiar de uma outra maneira, usando as cores branca e preta, e azul e amarela.

O primeiro aspecto considerado para fundamentar essa decisão foi que na periferia da retina estão localizados os bastonetes, células receptoras muito sensíveis à luz pela presença da rodopsina, uma substância fotossensível que é responsável pela visão na penumbra (visão escotópica) (Simões & Tiedemann, 1985). Por sua estrutura, os bastonetes não permitem reconhecer cor ou detalhes dos objetos, que é uma função desempenhada em toda sua eficiência pelos cones, como já apontado. No caso de *Alice*, a periferia, onde se situam os bastonetes, era a região mais preservada, aquela sobre a qual a imagem incidia predominantemente.

Um segundo aspecto foi uma proposição feita por Albert Munsell, em 1915. Estudando as cores, esse autor sugeriu um sistema explicativo de representação tridimensional alicerçado nas variáveis referentes a *brilho, matiz* e *saturação*. "O brilho refere-se à intensidade de cor. O matiz refere-se ao comprimento de onda e é a característica do estímulo que percebemos como cor; a saturação refere-se à pureza da cor" (Simões & Tiedmann, 1985, p.83), que a distingue de outra do mesmo matiz, como vermelho e cor-de-rosa que têm a mesma cor mas outro nível de saturação, pois o rosa se caracteriza por ser um vermelho com menor densidade, ou "diluído". Enfocando novamente as condições estruturais do sistema visual de *Alice*, a hipótese era que, das três variáveis, apenas o brilho constituísse fator de discriminação, fazendo-a perceber diferentes cores como diferentes tons acinzentados, num gradiente que iria do preto ao branco, ante a inoperância dos cones da retina.

Cabe então esclarecer por que, apesar da suposição de que *Alice* apresentasse déficit acentuado na visão de cores, mesmo assim estava sendo sugerido que a professora empregasse amarelo e azul. As cores primárias verde e vermelho, cujos comprimentos de onda são de, respectivamente, 535 nm e 570 nm,[8] seriam confundidas. Já com as cores azul e amarela a situação seria diferente. Embora primária, a azul (450 nm), e psicologicamente primária – ou intermediária – (580 nm), a amarela, esta última pode ser absorvida tanto pelos cones especializados em verde como em vermelho, o que não ocorre com o azul. Tal característica permitiria a *Alice* discriminá-las entre si pelo contraste mais acentuado que propiciam, se comparadas ao resultado obtido com o uso do par vermelho/verde. É bom lembrar que o objetivo principal, nesse momento, não era levá-la ao reconhecimento, ou seja, ensiná-la a

---

8 nm – nanômetro: medida usada para indicar comprimento de ondas de espectro luminoso que são captadas e transduzidas pelos fotorreceptores da retina.

nomear as cores já identificadas como para o restante da classe, mas sim fazê-la trabalhar com cores passíveis de discriminação, apesar das dificuldades descritas. Dessa forma, seria possível obter mais informações que possibilitassem concluir se a situação presente na ocasião decorreria de uma condição física, fisiológica e cognitiva, ou apenas de dificuldade de natureza cognitiva.

Em relação à área livre, à sala de recursos pedagógicos e às atividades de recreação, o aspecto mais importante ao qual a professora deveria estar atenta dizia respeito às especificidades de iluminação existentes em espaços abertos ou fechados, os materiais disponíveis, e as distâncias a que deveriam ser apresentados, para que fossem mais bem aproveitados. Além disso, e como já ressaltado anteriormente, *Alice* deveria receber uma orientação constante para estimular a integração viso-motora, bem como para explorar e conhecer visualmente o ambiente, aprendendo a nomeá-lo de maneira vivenciada e contextualizada, a fim de evitar a aquisição de um vocabulário sem significado.

UMA PRIMEIRA AVALIAÇÃO GLOBAL DOS PROGRESSOS IMPLEMENTADOS

Os registros indicavam que as principais características da baixa de visão de *Alice* eram acuidade visual bastante reduzida, perda tanto de campo visual central como periférico, ausência de coordenação binocular, desequilíbrio muscular, impossibilidade de seguimento em qualquer direção, inexistência de fixação, presença de forte nistagmo, entre outras características mais, responsáveis pela ampla utilização do tato e da audição em detrimento da visão.

Com o início da intervenção, seja ela em sala de aula ou na situação individualizada, algumas mudanças para melhor puderam ser observadas no desempenho visual da aluna. Pôde-se constatar um aumento no tempo destinado à exploração visual, ou seja, *Alice* começou a associar a visão ao reconhecimento tátil e, até em algumas circunstâncias, a empregá-la (visão) preferencialmente. Melhorou também o controle voluntário da musculatura responsável pela movimentação do globo ocular, tornando possível dirigir o olhar na direção desejada e manter a fixação por aproximadamente três segundos, tanto a curtas (até 40 cm) quanto a médias (até 2 m) distâncias.

Uma evidência do que se acabou de relatar foi um aumento no número de tentativas buscando usar a visão, bem como no tempo despendido em cada uma delas, o que significa afirmar que se conseguiu desenvolver a atenção visual. Como ressaltam Barraga et al. (1985), a atenção firma-se nas noções de consciência em relação à presença de objetos no campo visual e controle voluntário dos movimentos dos olhos.

Um outro aspecto capaz de indicar que o desempenho visual da criança estava aperfeiçoando-se foi o fato de ter sido possível evoluir da fase de reação reflexa à estimulação para a fase de reação voluntária à estimulação. Conseguiu-se, até mesmo, trabalhar a transferência de atenção com luzes.

Alice começou a demonstrar interesse por gravuras e as pistas táteis começaram a ser progressivamente mais sutis. Tornou-se possível, também, começar a realizar atividades utilizando cada vez mais o espaço das folhas de papel.

Tais mudanças, no entanto, não se encontravam ainda estabilizadas, de maneira que o comportamento da criança ora acontecia de maneira mais efetiva, ora nem tanto, chegando mesmo a não evidenciar nenhuma diferença em relação à condição constatada no início de sua escolaridade.

Assim, por ocasião da festa para comemorar o dia das mães, estive na escola e pude observar *Alice*. Antes da apresentação de dança das crianças de cinco anos juntamente com as da classe especial, todas elas estavam sentadas no chão observando uma outra turma de alunos que se apresentava. *Alice* estava reunida com as demais crianças, mas exibia uma atitude de total isolamento em relação a elas: quieta, cabeça baixa, olhos quase completamente fechados na maior parte do tempo. Nos momentos em que descerrava as pálpebras levantava também a cabeça, mas sem sustentação, e logo voltava novamente à posição inicial, assim permanecendo apesar de toda a movimentação a seu redor. O interessante é que *Alice* se encontrava situada a mais ou menos 3,5 m do local em que os alunos dançavam, de modo que, objetivamente, a situação tal como se apresentava poderia ser visualmente percebida por ela, ainda que de maneira indiferenciada. Contudo, havia um aparente desinteresse visual e o que se constatava era o quanto a visão permanecia, para essa criança, uma informação sempre "marginal", mas que, mesmo dentro dessa "marginalidade", oscilava dependendo do contexto e suas exigências. No ambiente doméstico, essa via sensitiva, aliada às demais, não representava nenhuma restrição à sua mobilidade. No que diz respeito aos ganhos qualitativos registrados nas condições específicas de treinamento, parecia não haver nenhuma forma de generalização para outras situações, o que era bastante intrigante e evidenciava a necessidade de estar atenta a isso, mesmo porque, ao realizar um trabalho dessa natureza e com tais características, era imperioso investigar quais habilidades seriam desenvolvidas durante o treinamento, quais delas generalizar-se-iam, em que condições e por quê. Na literatura que consultei, as modificações de comportamento visual ocorridas a partir da estimulação são referidas e circunscritas a apenas esse momento, o que mostra que estão disponíveis poucas informações sobre a generalização das funções ópticas e perceptivas para diferentes contextos.

Com o início da apresentação do número de dança do qual *Alice* fez parte, seu comportamento modificou-se, mas não de maneira muito significativa. Enquanto os outros se movimentavam, ela permaneceu de pé, parada de frente para seu par que tentava ajudá-la a realizar os passos, segurando em suas mãos, como a professora o havia orientado a agir. E embora ela não tenha realmente feito toda a coreografia, mesmo assim conseguiu apresentar um dos movimentos da seqüência, mudando alternadamente cada um dos pés para a frente. Nessa situação, por exemplo, já não se presenciava de forma tão marcante o posicionamento da face para o chão, nem aquela movimentação ocular esporádica, tal como se descreveu anteriormente. Mas nem por isso *Alice* parecia usar a visão.

4 A CONTINUIDADE DO TRABALHO: CARACTERÍSTICAS E RESULTADOS

O ATENDIMENTO INDIVIDUALIZADO E A ESTIMULAÇÃO EM SALA DE AULA NO DECORRER DO SEGUNDO BIMESTRE

A partir das mudanças verificadas no padrão de atuação de *Alice*, o objetivo da intervenção concentrou-se em "desenvolver e fortalecer o controle voluntário dos movimentos dos olhos, estimular a atenção visual e favorecer o desenvolvimento da discriminação de cor e tamanho" (Barraga & Morris, 1985, p.28). No seguimento com luzes, passou-se a exigir um aumento gradativo da distância que, até então, era de 50 cm. Nesse exercício, foi possível perceber uma melhora no padrão de seguimento horizontal realizado com o olho direito, no qual começou a esboçar-se uma movimentação mais contínua e suave. Começaram, também, a ser incorporadas brincadeiras que, combinadas com o trabalho mais restrito de estimulação, fizeram que a criança manifestasse um envolvimento bastante espontâneo com a situação, o que contribuiu para que o número de tentativas e repetições de um mesmo exercício não se tornasse enfadonho. Por exemplo, no jogo de "morto, vivo", as verbalizações foram inicialmente pareadas com luz, mas, num segundo momento, somente o estímulo visual permaneceu: lanterna acesa indicava "vivo" e lanterna apagada era "morto", significando que *Alice* deveria ficar agachada. Nessa brincadeira, realizada a uma distância de 50 cm e tendendo a ampliá-la até 1 m, além da exigência de atenção visual ao estímulo, a criança estava realizando também um treinamento de acomodação da visão a diferentes distâncias por meio de exercício da musculatura responsável pelo controle automático do cristalino. Pelo fato de o agachar ser parte da brincadeira, aquele estímulo percebido quando apresentado à altura dos olhos deveria ser igualmente identificado quando estivesse em outras posições, obrigando-a a procurá-lo em seu campo visual.

Um aspecto que comecei a notar é que *Alice* não sabia informar quando não estava vendo. Em diversas ocasiões, constatei o mesmo padrão de resposta segundo o qual ela manifestava sua possibilidade de percepção, por meio de verbalizações, ou apontando, ou ainda estendendo o braço para alcançar o estímulo. A partir do ponto em que esse estímulo deixasse de ser visualmente percebido, ela não usava uma expressão verbal própria para indicar esse contexto. Por isso, para mim, todas as vezes em que ela estivesse informando, mesmo que não corretamente, era um indicativo de que havia percepção, embora o reconhecimento ainda tivesse que ser trabalhado. Portanto, além de ensiná-la a ver, compreendi a importância de fazê-la notar o que era *não ver* e, também, saber expressar essa condição.

O treinamento tinha também por objetivo mostrar que certas ações dela ou de outras pessoas poderiam levar a algo que, embora não pudesse ser visto, passasse a sê-lo mediante uma aproximação ou uma iluminação adequada e eficiente, por exemplo.

Conforme mencionado anteriormente, no trabalho de estimulação com *Alice*, as funções ópticas previstas inicialmente no roteiro proposto por Barraga envolviam mais uma estimulação de reflexos, tais como o de contração/dilatação da pupila, ou de comportamentos eminentemente visuais. Embora a referida autora não usasse essa nomenclatura, alguns outros autores (Conrod et al., 1986) denominam *passiva* esse tipo de aprendizagem perceptual, ao passo que, se as estratégias utilizadas para maximizar a visão residual tiverem como ênfase os tópicos relativos à movimentação auto-iniciada e o posicionamento do corpo ante o estímulo e domínio sobre as sensações musculares e cinestésicas, a aprendizagem é chamada de *ativa*. Na produção de Barraga & Morris (1985), conquanto não haja diferenciação explícita entre ambas (ativa e passiva), o que se poderia referir como aprendizagem perceptual ativa tem início a partir dos primeiros objetivos da seção B das funções ópticas. Portanto, o entrosamento entre percepção e motricidade encontra-se presente na proposta de intervenção, mas, ao chamar atenção para autores que empregam terminologias específicas para categorizar aprendizagens perceptivas de naturezas ativa e passiva, o interesse é ressaltar ainda mais o lugar e o papel de cada uma delas na estimulação, bem como a importância da motricidade no desenvolvimento da sensibilidade.

Conrod et al. (1986) resumem essa concepção nos seguintes tópicos:

a) o treinamento perceptual na deficiência visual aumenta as possibilidades de uso de certas habilidades residuais; b) em geral, a participação ativa (aquela que envolve componentes viso-motores) deveria ter preferência sobre um envolvimento mais passivo; c) complementarmente à aprendizagem de técnicas de visão que lidam com informações que desviam ou se afastam do centro (da retina), o treinamento deveria contemplar tarefas específicas para conhecer e enfrentar necessidades individuais; d) idade e intensidade da deficiência aparentemente não limitam as possibilidades de uma intervenção bem-sucedida. (p.531)

Em síntese, o que esses autores querem dizer é que diferentes paradigmas de aprendizagem constituem um importante fator no processo de reabilitação. Para efeito de entendimento, é útil que se esclareça que os autores citados compreendem por tais paradigmas a dicotomia entre aprendizagem ativa e passiva e o papel distinto que exercem em se tratando de influência sobre o processo perceptivo, subdividido no que classificavam como os dois sistemas visuais em operação.

O principal, no qual o sistema cortical está conectado com a fóvea ou a visão central, e é freqüentemente denominado de sistema *o quê*, pelo fato de estar relacionado com o reconhecimento de objetos e com a discriminação fina de características. O segundo, subcortical, é responsável pela detecção de *onde* objetos são encontrados, função essa desempenhada por células do campo periférico. Quando se desenvolvem escotomas centrais por resultado de uma degeneração macular, por exemplo, uma variedade de problemas pode ocorrer, especialmente quando a natureza complementar dessas duas funções encontra-se desfeita ou interrompida. O sistema de localização periférica tem que compensar a perda da habilidade da fóvea em definir e identificar objetos. Em decorrência da prática, o indivíduo pode começar a perceber com uma maior discriminação, objetos e eventos que tenham sido selecionados pelo sistema *onde* no campo visual periférico. (p.528)

Assim, também, a tendência de buscar a fixação no ponto que se tornou cego tende a ser superada e substituída, pois a visão periférica começa a realizar essa tarefa, mas, segundo Conrod et al. (1986), isso ocorre mais eficientemente quando a aprendizagem perceptual pressupõe um treinamento no qual o participante é encorajado a realizar movimentos voluntários com o corpo e traçar figuras, entre outras ações, em vez de simplesmente identificá-las.

Embora o caso de *Alice* não fosse de degeneração macular, a possível existência de *pontos cegos* (escotomas) nas regiões mais centrais da retina, como se procurou mostrar anteriormente, fez que as concepções e sugestões dos autores citados merecessem atenção. Além disso, essa maneira de apresentar as características específicas do processo perceptivo parecia útil para explicar por que essa criança apresentava, ao mesmo tempo, uma orientação e mobilidade tão eficiente e uma exploração visual praticamente nula: seu sistema *onde* encontrava-se estruturalmente mais preservado que a função *o quê*.

No trabalho de estimulação realizado com *Alice*, portanto, foram sendo incorporadas atividades com essas preocupações. Assim, foram desenhados "pés" em papel sobre os quais a menina brincava de colocar os seus durante o período em que andava pelo espaço da sala. Também foram dispostos pelo chão da sala tubos plásticos sanfonados (usados para acondicionar fios elétricos), formando diferentes trajetos e possibilitando uma série de brincadeiras com ou sem escurecimento do ambiente.

No mês de maio, já puderam começar a ser realizadas atividades vinculadas aos objetivos da seção B que ainda restavam, relacionados à promoção da atenção visual por meio do controle voluntário da movimentação dos olhos. Esses objetivos estão reunidos no Quadro 2.

Quadro 2 – Objetivos relacionados a funções visuais – ópticas – incluídas no guia para planejamento instrucional, trabalhadas no início do segundo bimestre

Item/Número	Objetivos
12	Movimentar e procurar a luz.
13	Acompanhar e imitar a movimentação da luz.
14	Seguir o movimento da luz em perseguição visual contínua.
16	Localizar e pegar objeto, obedecendo depois a uma instrução verbal sobre o que fazer com ele.
17	Indicar e/ou tocar objetos ao passar por eles.
18	Localizar visualmente objeto e ir até ele.
19	Lançar objeto e acompanhar visualmente sua trajetória.

Conforme mencionado anteriormente, os objetivos de 8 a 11, bem como o 15 e o 20, haviam sido trabalhados desde o primeiro bimestre. Essa estimulação possibilitou aprimorar o resíduo visual de *Alice* e, com isso, passar a etapas impossíveis de trabalhar em princípio. A partir de agora serão melhor explicitadas as formas como as atividades foram conduzidas. Por força da junção que se procurou estabelecer entre as atividades do treinamento e as de sala de aula, definiu-se que as instruções verbais empregadas em tais contextos poderiam dar conta dos objetivos propostos pela professora naquele período: discriminação entre mais/menos, igual/diferente, maior/menor, dentro/fora. Dessa maneira, o trabalho foi gradualmente se estruturando, pois, estimulada a ver, *Alice* foi sendo também ensinada a nomear ações, objetos e os atributos pertencentes a eles que poderiam excluí-los ou inseri-los em uma categoria.

Em relação ao conceito de igual e diferente, as atividades iniciais estruturaram-se sobre informações visuais baseadas na uniformidade de aparência, estrutura e categoria *versus* outro conjunto dos mesmos atributos – uniformidade de aparência, estrutura e categoria. Mas nada *Alice* recebia pronto. O trabalho consistia em procurar equivalências e agrupá-las, ao passo que as diversidades eram também reunidas em torno do mesmo critério de igualdade intragrupo. Nesse momento, foram utilizadas muitas miniaturas, que são um excelente material para desenvolver a exploração visual, além de serem baratas e acessíveis a qualquer professor.

A primeira manifestação de coordenação binocular para seguimento horizontal de luz ocorreu ao final do mês de maio, aproximadamente três meses após a admissão de *Alice* como aluna de classe especial. Nessa ocasião, observei três movimentações consecutivas de acompanhamento contínuo antes de os olhos descoordenarem-se. Outro detalhe é que comecei também a "exigir mais" da extensão do campo visual, passando de 40 para 50 cm, 55 cm de abertura, resultando num ângulo de aproximadamente 45°, o que confirma a hipótese de que uma estimulação das funções ópticas resulta num aprimoramento paulatino delas próprias, numa complexidade e num nível de exigência crescentes.

Nas atividades voltadas para os objetivos comportamentais de números 17, 18 e 19, os materiais usados foram brinquedos simples, comprados ou confeccionados, mas dotados de características visuais significativamente marcantes ou distintivas, como bolas confeccionadas com tecido listrado e em padrão geométrico e bonecos vestidos com roupas de cores muito vivas.

As mudanças qualitativas percebidas no curso do treinamento envolvendo todas as funções ópticas denotavam ganhos de três tipos:

1 no controle exercido sobre a musculatura do olho;

2 no aumento do tempo de fixação do olhar, o suficiente para que pudesse empreender identificação e reconhecimento de objetos;

3 na apresentação de contato visual, auto-iniciado ou em resposta à solicitação do interlocutor.

Embora muito significativos, esses ganhos, porém, ainda não repercutiam no comportamento geral da criança em situação e em ambiente normais, isto é, não preparados.

Como já ressaltado, as atividades realizadas no treinamento individualizado, além de seus objetivos específicos, deveriam tentar também contemplar as metas do ensino estabelecidas pela professora, para que não ficassem dois trabalhos dissociados. Por isso, procurou-se congregar objetivos das duas situações como, por exemplo, quando o treinamento relativo aos itens 15, 16, 17 e 18 foi realizado com o intuito de incentivar a memória visual, uma das habilidades previstas no planejamento da professora da classe. Iniciando com dois e passando em seguida a três objetos, *Alice* era incentivada a perceber cada um deles e, após a brincadeira do "passe de mágica", notar aquele que não estivesse mais presente. Com isso, a criança era estimulada a fazer a localização do objeto em seu campo visual, a transferir a atenção desse objeto para o outro e depois o outro, ainda, mantendo assim uma fixação e realizando seguimento horizontal. No caso específico dessa criança, havia também a vantagem de ser possível lidar, ludicamente, com a necessidade de aprender a informar sobre a ausência de objeto no campo visual, que contribuía para ajudá-la a perceber o significado do *não ver*, como já ressaltado.

Conquanto não se tivesse uma conclusão formada a respeito das possibilidades de *Alice* perceber cores, mesmo assim os objetos coloridos empregados por mim ou pela professora, sempre que possível, deveriam ser referidos pelos respectivos substantivos e mais o adjetivo relativo à cor. Porém, as dúvidas persistiam e ora a menina parecia apta a identificar cores, ora não. Em um material industrializado composto por uma prancha pequena subdividida em retângulos coloridos de verde, vermelho, preto, roxo, amarelo, azul, laranja e cinza, a aluna deveria realizar pareamento, justapondo sobre eles as cores correspondentes. Nesse exercício, por exemplo, embora ela tivesse compreendido a instrução, acertou apenas o pareamento das peças em preto e amarelo por diversas vezes, muito provavelmente por serem essas as tonalidades nas quais a intensidade do brilho, inconfundível, levou à escolha correta. Desempenhos assim evidenciam a importância da investigação constante no trabalho com o portador de deficiência visual, a fim de que não sejam tomadas decisões e planejadas atividades com base em informações que não correspondam à realidade dos fatos.

Em meados do segundo bimestre, pelo próprio andamento das atividades em sala de aula, e pelo desempenho de *Alice* nas seções A e B (funções ópticas) do programa para promover a eficiência no funcionamento visual, percebeu-se que seria viável começar a trabalhar algumas lições da seção C para desenvolvimento das funções ópticas e perceptivas, cuja finalidade é permitir a "exploração e manipulação de objetos concretos. Por meio destas atividades haverá estimulação para discriminação, reconhecimento e uso dos objetos com finalidades intencionais" (Barraga & Morris, 1985, p.46). A síntese da seqüência das lições na seção C pressupõe a discriminação de formas, objetos, pessoas e ações; coordenação olho/mão para manipular formas e identificação visual de objetos e pessoas.

Nos meses anteriores, a ênfase da estimulação havia se dado no âmbito do incentivo ao comportamento de *ver*, por meio da habilidade de *olhar para*, mobilizando para tanto toda a musculatura e processos neurológicos – aferente e eferente – envolvidos no sistema perceptivo da visão. Obtido um padrão básico de respostas quando respeitadas as distâncias, características do estímulo e iluminação, parecia o momento de se começar a pensar as atividades perceptivas e motoras não como dois itens diferentes, mas sim como um ciclo fechado em que qualquer coisa que aconteça em uma área afeta a outra. Por essa razão, como entidades indissociáveis, atividades sensoriais (ou perceptivas) e atividades motoras (ou musculares) comporiam um sistema integrado, denominado *perceptivo-motor* (Kephart, 1990).

No estabelecimento desse sistema perceptivo-motor, Kephart demonstra como, na seqüência natural do desenvolvimento, a percepção une-se à motricidade e não o contrário, de maneira que, numa linguagem sintética, "o olho aprende a ver o que a mão sente" (p.27). A coordenação óculo-manual ou olho-mão só se inverte e assim permanece depois de ter transposto o período em que a "liderança" do processo era da mão sobre o olho. Portanto, é a mão que ensina o olho a ver, mas a criança torna-se perceptiva apenas

> quando os sentidos lhe proporcionam muito mais informações por unidade de tempo do que o faz sua exploração motora e quando os seus sentidos exploram áreas muito mais amplas do que o faz a sua mão e a criança passa a confiar nestas manipulações para suas soluções de problemas, devido à sua maior eficiência. (Kephart, 1990, p.34-5)

Pensando nessas colocações e na situação específica de desenvolvimento e aprendizagem de *Alice*, o que se verificava é que o sistema perceptivo-motor encontrava-se unido quanto aos dados táteis, cinestésicos e auditivos, mas quanto aos visuais, não. Portanto, após ensiná-la a interessar-se por informações visuais, era preciso aprimorar o controle muscular responsável pela movimentação dos olhos a fim de realizar, dentre outras coisas, uma antecipação à mão para guiar seu percurso.

O Quadro 3 reúne os objetivos relacionados a funções ópticas e perceptivas (seção C) treinados no decorrer do segundo bimestre, dando continuidade à seqüência numérica dos tópicos já trabalhados. São denominadas ópticas e perceptivas porque aliam atividades que exigem tanto o controle voluntário dos movimentos dos olhos, como também uma interpretação do ambiente por meio de ações que a criança ou adulto devem exibir.

Quadro 3 – Objetivos relacionados a funções visuais – ópticas e perceptivas – incluídas no guia para planejamento instrucional, trabalhadas ao final do segundo bimestre

Item/Número	Objetivos
21	Imitar movimentos de mão, cabeça e corpo.
22	Fazer rabiscos ao acaso e marcar entre linhas grossas.
23	Ver duas linhas e movimentar-se entre elas.
24	Deixar cair objetos grandes em aberturas maiores e pequenos objetos em aberturas pequenas.
26	Imitar a posição em que objetos foram colocados.
31	Traçar e copiar linhas compridas e curtas, retas e curvas.
32	Ligar pontos para formar linhas retas e curvas.

Como é possível perceber, os objetivos dessa seção referem-se ao uso intencional da visão para a realização de ações, com ou sem objetos. O nível de desenvolvimento necessário para realização dessas atividades insere-se na faixa etária compreendida entre um e três anos de idade cronológica de uma criança.

A necessidade de conseguir que as funções sensoriais ou aferentes se adiantassem às funções motoras ou eferentes para dirigi-las, como normalmente ocorre quando o sistema perceptivo-motor não se encontra invertido, levou-me a continuar insistindo na realização dos movimentos de seguir para cada um dos lados com os olhos, e nos de localização, focalização e fixação do olhar. Nas atividades que começaram a ser realizadas, empregando-se para tanto papel e pincel atômico (itens 22, 31 e 32), o que se constatou foi que as informações perceptivas e motoras não mantinham relacionamento. Era o que se estava procurando desenvolver, fazendo que os dados aferentes e eferentes se relacionassem por meio do sistema perceptivo-motor, passando ambos a ficar unidos pelo mesmo significado. Contudo, esse era um trabalho de resultados não muito imediatos, pois, além da "inversão" no sistema, *Alice* apresentava também as limitações decorrentes de sua deficiência. Ela até localizava com os olhos o local onde deveria colocar a caneta, mas, ao trazer a mão para o papel, os olhos não mantinham mais a fixação, e assim permaneciam, aos saltos. Quando novamente conseguia manter controle sobre a musculatura ocular, ela fixava exatamente sobre o conjunto mão/pincel atômico e "assistia" ao aparecimento e à formação do desenho da linha no papel que sua mão ia realizando. Era bastante interessante verificar como pareciam existir duas *Alices*: uma motora que realizava traçados no papel, e uma sensitiva que observava um traçado sendo realizado.

O trabalho deveria, na medida do possível, criar condições para que a aluna pudesse guiar seu traçado em direção a um ponto específico. Antes disso, porém, ela merecia a oportunidade de rabiscar livremente, não apenas pelo fato de que uma atividade dirigida seria mais difícil de ser realizada, mas também porque em seu ambiente familiar essa oportunidade não lhe havia sido oferecida, como acontece com a grande maioria das crianças pobres em nosso país.

Independentemente dessa atividade gráfica livre e exploratória que foi realizada, ligar pontos constituiu a primeira tentativa de orientar o grafismo de *Alice*. A distância inicial entre os pontos foi de 5 cm um do outro. Com a melhoria do desempenho, essa distância foi ampliada para aproximadamente 6 cm, chegando por fim a 7 cm. Forneci à criança ajuda física total, com o objetivo de tornar mais lento e constante o movimento da mão que realizava o traçado para que, dessa forma, a visão pudesse estar "unida" a esse movimento.

As distâncias de 5 a 7 cm entre os pontos foram usadas porque podem ser preenchidas por um traçado pequeno, curto e com boas chances de ser realizado satisfatoriamente. Além disso, nessa distância, os pontos são passíveis de serem vistos simultaneamente, sem movimentação dos olhos ou rotação do pescoço. Para finalizar o aspecto que está sendo descrito, algumas alterações começaram a ser identificadas ainda no decorrer do segundo bimestre letivo.

Em princípio, o resultado obtido, seja no desenho livre, seja em um exercício de ligar, era o mesmo, porque *Alice* riscava a página toda sem qualquer estratégia, mas com predominância de linhas circulares. Com o encaminhamento do trabalho, ela manteve esse padrão preponderantemente apenas ao fazer seus desenhos. Nas atividades dirigidas, ela passou a realizar o solicitado e, se houvesse alguns desenhos, eles começavam a ocupar as partes laterais livres das folhas. Isso, portanto, evidenciava um sentimento importante que era o desejo de preservação de seus próprios trabalhos, bem como evidenciava também uma maior organização por parte dela ante regras externas às suas necessidades ou vontades. *Alice* começava a respeitar instruções relativas aos exercícios, realizando o que lhe era solicitado e, posteriormente, não rabiscando por cima de tudo, como fazia nas primeiras tentativas.

No decorrer do mês de junho, continuando a investigação a respeito das possibilidades de *Alice* discriminar cores, usei no treinamento um material barato, encontrado em supermercados: colheres plásticas nas cores fosforescentes verde-limão, amarela, rosa e alaranjada. Inicialmente, as cores foram mostradas à criança para se ter certeza de que ela tinha conhecimento do que se tratava e depois misturadas todas juntas. Em seguida, utilizando o único critério que as diferenciava entre si, fui ajudando a aluna a separar e agrupar aquelas cuja cor fosse igual e, conseqüentemente, separando as não iguais para a composição dos outros grupos.

Alice conseguiu separar as colheres verdes e as amarelas sem nenhum engano. No entanto, em diversas tentativas, o agrupamento das colheres cor-de-rosa e das alaranjadas mostrou-se inviável. A criança realmente não reconheceu nenhuma diferença entre as duas cores, embora fosse capaz de reconhecer quando as duas outras eram verde e amarela, muito provavelmente pelo fato de a discriminação ocorrer não por causa das cores (tonalidade, matiz e saturação), mas exclusivamente por tons de cinza.

O desempenho de *Alice* na realização dessa atividade foi discutido com a professora da classe, para tentar fundamentar a intervenção sendo realizada com dados da realidade e constatar que toda ação da criança deveria ser analisada com rigor, a fim de não se chegar a nenhuma conclusão precipitada. Portanto, persistia ainda a orientação à professora para que o uso de cores nos exercícios fosse considerado apenas sob o aspecto de propiciar contraste entre figura e fundo, mas não visando a nomeações e discriminações.

Em relação à situação de sala de aula, o segundo bimestre foi marcado por atividades com material. No decorrer dos meses de março e abril, o trabalho visou preferencialmente à adaptação à escola e sua rotina, envolveu o entrosamento dos alunos entre si e começou a viabilizar as primeiras atividades; no bimestre que se sucedeu, essas atividades intensificaram-se e foram feitas, na sua grande maioria, com alguns tipos de materiais cujo resultado era um produto observável. O relato desse período é o que se apresenta a seguir.

Se no início do ano houve por parte da professora uma preocupação com relação ao destino do trabalho e também um certo temor ante a novidade que se apresentava, com o passar do tempo a expectativa foi se modificando e chegou a um otimismo que, de certa forma, começou a relevar os reais limites, fixados pelas condições orgânicas – anatômicas e fisiológicas – decorrentes da coriorretinite, e pelas condições de vida de *Alice* que haviam "construído" um comportamento visual e um desenvolvimento específicos.

Depois do período em que se procurou incentivar a fixação, denominado *olhar para*, e do contato visual, a orientação passou a ser a de que fossem criadas condições para que, no material, o que era figura e o que era fundo merecessem atenções diferenciadas. No início, para ajudar a escolher sobre o que a atenção da criança deveria recair, a professora usou uma folha de papel com um círculo vazado, cujo orifício permitia visualizar apenas um aspecto da figura que, em determinado momento, era o foco. Com essa estratégia, o objetivo era manter a atenção visual durante o tempo necessário para a exploração visual. Nessas circunstâncias, a professora começou a constatar novamente como, de fato, *Alice* tinha dificuldade na percepção, o que a fez manifestar-se, até mesmo, aturdida, pelo fato de não estar entendendo o desempenho da aluna e desanimada quanto às perspectivas que, naquele momento, pareciam frustrar as expectativas criadas nos meses anteriores.

Como era possível que a mesma aluna fizesse perfuração num espaço delimitado sem ultrapassá-lo e não conseguisse reconhecer a figura de um cachorro? Questões como essa, bastante relevantes e colocadas com muita propriedade pela professora, são um exemplo das discussões realizadas ao longo do ano, nas quais a meta era contribuir com um conhecimento necessário, segundo meu entendimento, para o aperfeiçoamento da formação profissional da docente no trabalho com crianças portadoras de visão subnormal ou baixa de visão.

A professora havia confeccionado um material composto por três retângulos nas cores amarela, azul e vermelha, sobre as quais as crianças deveriam colocar cubos de maneira com figuras das mesmas cores. Em sala de aula, havia observado que *Alice* separava os referidos cubos por cores, colocando-os corretamente sobre as pranchas sem ajuda ou dicas. O interessante é que ela começava todas as vezes pelas amarelas, passando depois às azuis e, por último, às restantes, de cor vermelha, ou seja, as vermelhas não eram selecionadas mas sim reunidas por exclusão. A primeira impressão que se tinha é que ela parecia juntar com base no critério cor, mas a rigidez e repetitividade com que o procedimento era realizado poderia estar indicando, ao contrário do que se pensava, muito mais sua dificuldade do que domínio na percepção de cores. Ela poderia estar começando pelas amarelas, em primeiro lugar, por serem elas as que pareciam ser as mais claras e de maior visibilidade. Em seqüência vinham as outras duas. Aliás, mesmo uma criança comprovadamente impossibilitada de reconhecer cores (cegueira para cores) poderia fazer a separação das peças do material corretamente, mediante apenas uma organização com base na variável *brilho* como critério único, independente de *matiz* e *saturação*. Por isso, o que se discutiu com a professora foi a necessidade de continuar investigando a percepção de cores de *Alice* em tantos materiais quanto possíveis, em vez de partir para um treinamento como se ela já dominasse essa habilidade. E, mesmo na presença de respostas corretas, dever-se-ia relatar a ela o ocorrido, dizendo, por exemplo, "Isso, muito bem, você pegou a 'pecinha' azul"; "agora guarde-a no copo plástico vermelho"; "Isso, você guardou a pecinha azul no copo plástico vermelho".

Alice aprendia rapidamente, seu desempenho em quatro meses havia se modificado bastante, mas era preciso ter a clareza necessária para estabelecer um programa gradual de modificação nas condições dos estímulos usados, bem como a compreensão exata a respeito da diferença de acuidade visual necessária para manter o perfurador em ação sobre uma superfície escura, ou necessária para interpretar uma certa figura.

Os exercícios em papel realizados durante os meses do segundo bimestre tiveram as seguintes características: apenas uma atividade por página; uso de cores de alto contraste em relação ao fundo; uso de materiais, tais como lixa, papel dobradura, palitos, cola plástica colorida, lã e barbante, para fornecer à criança informações de natureza tátil; uso de ajuda física, substituição gradual da pista tátil por uma indicação visual; e diminuição no tamanho do estímulo.

Em se tratando do treinamento da coordenação óculo-manual, *Alice* passou por um processo de retirada de ajuda, ao passo que, progressivamente, eram introduzidas solicitações mais complexas que exigiam dela uma atuação independente. Nas primeiras atividades, o espaço era delimitado com lã ou barbante, havia um modelo pronto sobre o qual a criança passava sua mão e também uma indicação bastante evidente a respeito de onde ela deveria iniciar e terminar para reproduzir o modelo. Pouco a pouco foram suprimidos o modelo e as indicações para começo e fim do traçado. Ela deveria realizar tudo sozinha, apenas com orientações verbais da professora e a manutenção do limite mais externo que também, ao final do mês de junho, já havia sido substituído por apenas uma linha traçada com pincel atômico. Em algumas situações, no entanto, lãs e barbantes deram lugar à cola plástica, recurso intermediário entre a informação tátil em relevo e a exclusivamente visual.

É pertinente que se evidencie que, com base na avaliação realizada pela ortoptista em que foi possível tomar a medida da visão, o prognóstico era de que o potencial de *Alice* para o reconhecimento de símbolos gráficos, tais como letras e números, era de aproximadamente 0,8 cm ou o equivalente ao espaço (largura) entre duas linhas de caderno, desde que mantido um bom contraste e uma boa distribuição individual dos caracteres no espaço da folha de papel. No entanto, até o momento a que esse relato se refere, o menor espaço marcado era de aproximadamente 3 cm, distância essa estabelecida também em conseqüência da coordenação óculo-manual da aluna, que ainda a exigia.

Todo o material produzido pela professora para ser utilizado por *Alice*, nessa fase, foi considerado muito adequado. As alterações necessárias foram sendo feitas, basicamente com o propósito de tornar esse material igual àquele utilizado por qualquer outro aluno da classe, embora essa fosse ainda apenas uma meta.

É interessante notar também como a presença da aluna com visão subnormal influiu no contexto geral da classe. Por ocasião das festas juninas, chamou-me a atenção o fato de que as bandeirinhas usadas para enfeitar a sala de aula e fazer as atividades com esse tema eram amarelas e pretas. Conversando com a professora sobre isso, ouvi dela a explicação de que queria que os próprios alunos montassem os cordões de bandeirinhas e que, nesse caso, julgou que preto e amarelo seriam as cores mais indicadas para que *Alice* pudesse ajudar a enfeitar a sala, colando alternadamente as duas cores citadas, escolhidas por causa das questões já descritas anteriormente.

Após um semestre de convivência com *Alice*, a interpretação que me foi possível realizar, com base em todo um conjunto de situações ocorridas no interior do Centro de Educação e Recreação, é que o comportamento geral de *Alice* modificou-se e repercutiu favoravelmente no âmbito de seu ambiente social, bem como recebeu dele muito mais informações significativas capazes de "realimentar" seu desempenho, como é mesmo o papel e a função da escola. De que maneira, então, especificar a contribuição da estimulação visual nesse processo? Colocada dessa forma, a pergunta parece desnecessária e irrelevante, pois seria improdutivo tentar delimitar o valor exclusivo de cada uma das ênfases no processo de ensino e aprendizagem. O que parece importante é tentar mostrar como usar ou não a visão faz diferença no cotidiano das pessoas. Sobre esse aspecto, o que tínhamos era uma criança que não usava produtivamente sua visão, em particular a proximal, e após um semestre letivo já era capaz de usar essa via sensitiva para aprender e relacionar-se, tentando reproduzir à semelhança os comportamentos das pessoas com as quais interagia. Portanto, os ganhos nas funções ópticas e perceptivas demonstrados por *Alice* com base no treinamento ganham significação porque mudam, não quantitativa, mas qualitativamente suas possibilidades de aprendizagem.

Nesse período do trabalho de estimulação da aluna no ambiente escolar e, simultaneamente, de assessoria à professora para a realização de seu planejamento, foram tiradas três conclusões:

1 Ante a reduzida utilização da visão, *Alice* possuía repertório de habilidades bastante restrito em relação ao que era esperado para sua idade cronológica, bem como dificuldade na formação de conceitos, aspectos que se confundiam com a deficiência visual, sem estabelecer com ela uma distinção. Com o desenvolvimento e aperfeiçoamento do uso funcional da visão, o que se pôde discernir com mais clareza foi o grau de influência da perda da visão sobre o comportamento, como no exemplo da situação na qual a criança, por meio de aproximações (colocar o objeto bem próximo dos olhos ou aproximar os olhos do objeto), conseguia perceber semelhanças e diferenças marcantes entre objetos, mas, apesar dessa possibilidade, não era capaz de separá-los sob o rótulo verbal de *iguais* e *diferentes*. Ou seja, poder-se-ia, precipitadamente, atribuir seu desempenho a uma baixa de visão quando, de fato, a dificuldade encontrava-se em nível de conceituações.

2 Em termos das funções ópticas e perceptivas sendo estimuladas, o que era possível notar é que *Alice* poderia usar sua visão para perto com um nível de eficiência até que bastante razoável, porque vinha respondendo bem ao trabalho e conseguindo, em sala de aula, realizar também as atividades estabelecidas por sua

professora, mas com as devidas adaptações. A criança já havia notado que essa visão, aproximadamente entre 5 e 50 ou mesmo 60 cm à frente de seu rosto, propiciava-lhe informações que chamarei de *interessantes*, dado seu empenho em usar essa via sensorial como geradora de conhecimento. A ação de levar qualquer objeto à boca para identificação e reconhecimento havia sido sistematicamente eliminada.

Não encontrávamos mais a menina lambendo os brinquedos, por exemplo, mas sim tentando percebê-los visualmente. As manipulações para obtenção de informações táteis e cinestésicas, por sua vez, eram ainda bem constantes e aconteciam associadas à exploração visual, o que, na verdade, é um aspecto positivo, pois caracteriza-se por ser um momento de transição entre manipulações independentes e o estágio de *colaboração* sensorial vivenciado por *Alice* naquele período.

Para distâncias maiores do que 1 m, as características da eficiência pareciam inalteradas.

As mudanças mais significativas estavam no âmbito da visão para perto, justamente aquela que em um ambiente como o da casa da criança havia ficado sem desenvolvimento, provavelmente pelo fato de nesse contexto não preparado, portanto "natural", as características dos estímulos e do meio não terem conseguido influenciar sua percepção visual.

3 Desde a primeira orientação passada a mim pela ortoptista que fazia atendimento à *Alice* e também com base nas observações realizadas na escola, seja em situação individualizada, seja em grupo, acreditava-se que o seu olho de preferência[1] fosse o esquerdo. No decorrer do atendimento, porém, surgiram dúvidas quanto a essa conclusão. À medida que o desempenho visual foi ficando mais estabilizado e outras atividades puderam ser realizadas, especialmente aquelas envolvendo a coordenação viso-motora e o

---

1 Observação: olho de preferência é um termo usado para se referir ao olho efetivamente mais usado por pessoas com problemas visuais e não deve ser confundido com olho dominante, uma condição normal, definida em nível neurológico, a partir do hemisférico dominante do cérebro.

uso de papel e lápis para traçados, começou-se a notar melhor o posicionamento de cabeça apresentado por *Alice* e a movimentação de olhos, cabeça, corpo, e mesmo do material utilizado. Comecei a levantar a hipótese de que o olho de preferência fosse, na verdade, o direito.

Discutindo, porém, essa hipótese com a ortoptista, a partir das observações feitas por mim, concluímos que a dúvida havia surgido porque, para quem observava o desempenho de *Alice*, realmente as condições que se apresentavam levavam a considerar uma possibilidade contrária à anterior. O posicionamento do olho esquerdo tão no canto nasal conseguia gerar dúvidas sobre seu grau de eficácia, ao passo que o olho direito, mais centralizado, parecia expressar maior eficiência. No entanto, as condições dos dois fundos de olhos foram inequívocas para atestar e confirmar que havia um olho de preferência, e esse era mesmo o esquerdo.

Resumindo, na situação de treinamento individualizado para estimulação da visão residual, havíamos alcançado, ao término do segundo bimestre, alguns objetivos importantes: o interesse visual havia aumentado em número de ocorrências; a transferência de atenção já era mais precisa; o seguimento havia melhorado, embora ainda se apresentasse descontínuo em todas as direções, mas melhor no sentido vertical; e a fixação apresentava-se mais duradoura, permitindo igualmente explorar detalhes de objetos e pessoas.

Apesar desses progressos, fazia-se necessário continuar investindo no treinamento desses mesmos aspectos, porque todos eles eram ainda passíveis de aperfeiçoamento, como no caso do tempo de fixação, por exemplo, que poderia ter sua duração ampliada. Era necessário, também, criar situações que estimulassem a ocorrência da acomodação a diferentes distâncias.

AS INTERVENÇÕES DURANTE O TERCEIRO BIMESTRE

Antes de realizar a primeira sessão de treinamento individualizado depois do período de férias, conversei com a professora da classe a respeito de *Alice*. Interessava-me identificar eventuais alterações na maneira de agir da aluna após o recesso escolar.

Nesse sentido, o que pude registrar é que, embora seu comportamento geral tivesse permanecido mais ou menos o mesmo, em certos aspectos algumas mudanças eram incontestáveis. O estabelecimento de contato visual estava mais inconstante, de maneira que era preciso chamar sua atenção para que ela *olhasse para*. Retornara com mais evidência, também, o posicionamento em que *Alice* permanecia de perfil em relação a pessoas, especialmente. Era preciso, com base nesses dados, resgatar especificidades do treinamento para que as alterações de comportamento desejadas ficassem consolidadas sob a forma de comportamentos estáveis.

Constatou-se, no entanto, que a higiene pessoal da criança estava muito prejudicada. Talvez a interrupção das atividades escolares tivesse contribuído para que os hábitos de higiene e cuidados pessoais assumissem uma conotação bastante dispensável. Para *Alice*, a limpeza e o asseio haviam sido sempre um problema. No entanto, no início de agosto, a situação havia piorado consideravelmente. Ela estava muito mais descuidada do que antes, suas roupas estavam sujas e rasgadas, não tinha mais calcinhas para usar, nem mesmo as que a professora havia lhe dado no primeiro semestre. Não estava tomando banho e nem lavando a cabeça. Estava novamente com conjuntivite, lêndeas no cabelo, infecção em uma das orelhas, problemas de pele pelo corpo todo e cáries que a faziam ficar amuada "pelos cantos". Parecia que tudo voltava ao começo novamente, como se o trabalho anterior não tivesse existido.

Tais fatos parecem significativos porque ilustram toda uma desestrutura familiar que competia e conflitava com os procedimentos vigentes na escola, dificultando assim o andamento dos trabalhos. Além disso, mostram como era necessário, também, tentar alterar as condições que se apresentavam, para que, no mínimo, *Alice* se sentisse bem e pudesse não apenas estar na escola, mas participar das atividades com disposição.

Por esse motivo, professora e diretora passaram a exercer pressão sobre a família para que assumisse responsabilidades básicas relativas à higiene e saúde da aluna, levando-a até a consultas médicas e odontológicas agendadas por intermédio da unidade escolar. Superadas as necessidades mais emergenciais, restavam ainda as orientações de rotina às quais os responsáveis por *Alice* deveriam atentar para garantir que não se chegasse novamente a uma situação tão crítica como à que se chegou no início de agosto. De qualquer forma, o que nos perguntávamos era sobre a possibilidade de sensibilizar as pessoas do círculo familiar de *Alice* sobre a importância da estimulação de sua visão residual para sua vida, em geral, como também para seu processo de escolarização, quando outros aspectos muito mais simples e cotidianos eram completamente ignorados. Parecia-nos claro e incontestável, portanto, que o espaço da escola era o único em que, efetivamente, as condições do ambiente poderiam estar preparadas para favorecer a visão de *Alice*. E era com isso que se poderia contar.

Embora já tivéssemos, no semestre anterior, ingressado na seção C que desenvolve as funções ópticas e perceptivas, o trabalho circunscrito às funções ópticas e óculo-motoras continuava sendo o "alicerce" de toda a intervenção. Eram, portanto, os aspectos considerados indispensáveis para as demais aquisições hierarquicamente posteriores e, como tal, embora não arroladas juntamente com os novos objetivos, deveriam continuar a fazer parte do planejamento. A despeito dessa condição, o total de novos objetivos que aparecem explicitados no Quadro 4 para os meses de agosto e setembro é a expressão da significativa ampliação e diversificação nas possibilidades de trabalho. Naquele período houve o maior acréscimo no contingente numérico de itens do programa registrado desde o início da intervenção. Tornou-se possível, ainda, começar a trabalhar com conteúdos da próxima seção, a seção D.

As duas seções – C e D – referem-se a funções ópticas e perceptivas.

Quadro 4 – Objetivos relacionados a funções visuais – ópticas e perceptivas – incluídas no guia para planejamento instrucional, trabalhadas durante o terceiro bimestre

Seções	Item/ Número	Objetivos
C	27	Colocar cubos na mesma posição do modelo.
	33	Copiar formas geométricas em argila.
	34	Encaixar figuras geométricas na prancha de formas.

INTERVENÇÃO NO AMBIENTE ESCOLAR 141

Continuação

Seções	Item/Número	Objetivos
C	35	Combinar figuras geométricas.
	36	Manipular objetos em áreas específicas, tais como cortar ou pintar entre linhas.
	37	Localizar características distintivas nos objetos.
	38	Indicar partes do corpo por meio de pista verbal.
	39	Discriminar partes omitidas.
	40	Combinar objetos idênticos.
	41	Identificar objetos familiares com a visão.
	43	Imitar movimentos e expressões faciais e/ou movimentos e expressões do corpo refletidas no espelho.
D	45	Observar o modelo e colocar os cubos de forma semelhante.
	47	Combinar objetos que pertençam à mesma classe.
	48	Combinar objetos com uma característica comum.
	50	Combinar objetos familiares, de cores e tamanhos diferentes.
	51	Combinar figuras de formas geométricas (coloridas).
	53	Separar objetos pelo tamanho.
	58	Combinar figuras de formas com contornos destas.
	59	Combinar figuras (coloridas), figuras pretas e figuras em contorno.
	61	Traçar e pintar figuras geométricas.
	62	Desenhar figuras geométricas copiando modelos.
	65	Identificar contornos de figuras geométricas.
	79	Identificar a si próprio em fotografias.

No Quadro 4 foram arrolados todos os objetivos das seções C e D inseridos no programa individualizado de estimulação.

Embora denominadas, ambas, funções ópticas e perceptivas, a seção C concentra-se na exploração e manipulação de objetos, ao passo que na seção D a ênfase recai sobre a discriminação e identificação de detalhes desses objetos ou de figuras, sobre a coordenação olho-mão e a manipulação por intermédio da observação e imitação. No material original, existem objetivos que fazem referência ao uso de cores como um dos critérios para identificação. Nesses casos, embora incluídas no Quadro 4, as cores foram consideradas critério irrelevante, dado que *Alice* parecia não poder utilizar-se delas para realizar as combinações prescritas nos objetivos. Em relação à identificação de contorno de figuras geométricas, foram excluídas aquelas formas ainda não trabalhadas em sala de aula, tais como retângulos, losangos e ovais. Mantiveram-se apenas círculos, quadrados e triângulos, formas com as quais a professora vinha realizando vários tipos de atividades em sala de aula, contribuindo assim para unir tanto a intervenção específica como o programa escolar.

O terceiro bimestre não se caracterizou por ser unicamente um período no qual a diversificação e a quantidade de objetivos trabalhados puderam ser significativamente ampliadas em relação ao primeiro semestre letivo. Além desses aspectos, a diversidade tanto de propósitos como de estratégias necessárias para viabilizar os objetivos trouxe consigo a possibilidade de criar situações de ensino bem mais elaboradas, até mesmo com jogos baseados em regras simples, o que até então não havia ocorrido. Começamos a "brincar" com fichas contendo informações, jogando como se fossem cartas de baralho; realizamos pareamento (ou combinação) dos próprios objetos ou mesmo cartas contendo figuras ou ilustrações, escondendo-os em caixas de papelão vazias para serem depois encontrados; organizamos uma "vendinha" na qual eram "comercializados produtos" que *Alice*, como vendedora ou compradora, deveria identificar o que era, como era e para que servia, por exemplo.

Essas possibilidades foram bem interessantes, porque com tais estratégias já estava sendo possível passar de uma situação anterior em que a aluna era solicitada a apresentar um tipo de resposta simples, sem grande complexidade, para uma outra organização em que um pequeno "enredo" era formulado com base em algumas normas. Mas, mesmo assim, algumas vezes deparávamos com circunstâncias nas quais *Alice*, definitivamente, não compreendia quais eram as regras da atividade e, mais difícil ainda, que essas regras, apesar de arbitrárias, uma vez instituídas deixavam de ser "arbitrárias", pelo menos para as pessoas participantes da brincadeira. A aluna demonstrava dificuldade para usar uma caneca de qualquer outra maneira que não fosse com o propósito de beber. Também era complicado, para ela, dar por encerrado um jogo no momento em que o objetivo era atingido. Havia uma tendência a perseverar na atividade, muito mais por manutenção predominante da ação motora do que por pretensão de atingir um determinado intento.

Quanto à questão de uso da visão nas circunstâncias enumeradas, pôde-se perceber que, a curtas distâncias, sua habilidade continuava melhorando. O tempo de atenção havia aumentado e *Alice* conseguia ficar sentada, manipulando objetos e/ou peças a aproximadamente 10 cm de distância dos olhos. Considere-se que, em todas as situações desse período, os materiais, em sua grande maioria, já não eram mais ampliados, mas sim mantidos em tamanho natural.

Incluímos também, de maneira decisiva, o uso de miniaturas. É importante esclarecer o leitor sobre esse aspecto dizendo que, por miniaturas, eram denominados os brinquedos que em seu tamanho menor representavam, de maneira similar, objetos, animais, vegetais, mobiliário ou meios de transporte, por exemplo. Portanto, embora denominados miniaturas, suas dimensões nunca foram inferiores a 4 ou 5 cm de comprimento, o que fazia que fossem perfeitamente visíveis, por *Alice*, à distância mencionada. Miniaturas de uma cor só eram preteridas em relação àquelas com contrastes.

No uso de lápis e papel era sempre necessário dispensar algum tipo de ajuda, seja para traçar, ligar, desenhar ou colorir. A instrução apenas no nível verbal era ainda insuficiente, mas já se havia eliminado o uso de alto-relevo. Portanto, as atividades gráficas estavam sendo feitas tal como para os outros alunos, exceto pela diferença que, com *Alice*, não eram usados lápis comuns, mas canetinhas de ponta grossa ou pincel atômico.

Em razão de trabalho realizado em sala de aula pela professora, no qual as crianças começavam a ser incentivadas a *escrever* seus próprios nomes nas folhas de atividades, *Alice* começou também a empreender esses registros após o término de cada um dos exercícios. Na situação de treinamento individualizado, este passou a ser igualmente o procedimento adotado por ela.

A aluna, começando à direita ou à esquerda, dependendo da ocasião, realizava um longo traçado, pegando toda a parte superior ou inferior da folha, em forma de "ondas", "serrinhas" ou "cobrinhas", traçado este que ela identificava como seu nome. Do ponto de vista da forma, era mesmo diferente de todos os seus outros traçados e ela era capaz de discriminá-lo dentre os demais. Evidentemente, *Alice* estava imitando as ações realizadas pela professora para produzir o resultado final que ela também tentava reproduzir.

Um comportamento como esse é bastante importante porque, em conjunto com a prática de jogos com regras, representou uma grande mudança no padrão de respostas da aluna, do primeiro para o segundo semestre. *Alice* generalizou, para todo um conjunto de situações mais ou menos similares, o procedimento de *redigir* seu nome. Com isso, ela podia permanecer até, aproximadamente, um minuto mantendo a *fixação*, fazendo um *seguimento* constante, conservando a *focalização* e treinando a *acomodação* a curtas distâncias. A postura da criança, sentada à mesa de trabalho, do primeiro para o segundo semestre ainda não havia se modificado, porque ela precisava aproximar significativamente a cabeça do papel, permitindo, assim, conservar o olho esquerdo na posição que lhe garantia maior eficiência. Entretanto, o controle exercido por ela para utilização da visão havia sido significativamente alterado.

Mesmo em se tratando de seus desenhos livres, observou-se que *Alice* principiava a desenhar pessoas. Dos riscos, passando por um conjunto de traços indiferenciados e chegando aos primeiros esboços da pessoa humana, além de um grande trabalho, especialmente em sala de aula, sobre o esquema corporal, melhor descrito em momento posterior, o que se podia perceber é que as funções visuais da aluna indicavam que ela estava aprendendo tudo aquilo que era possível sobre seu ambiente imediato, simplesmente porque estava aprendendo a olhar. Nesses "desenhos" eram representados, notadamente, um aluno com o qual se identifica mais, a professora e ela própria.

Trabalhando com formas geométricas recortadas em papel – cartão colorido e usadas em pareamentos, pude constatar a dificuldade de *Alice* para perceber que os cartões eram dotados de duas faces, uma não colorida e rugosa e a outra mais lisa e de três diferentes colorações. Mesmo manuseando o material, olhando alternadamente essas respectivas faces, para a aluna, de acordo com suas próprias verbalizações, eram dois cartões desiguais, e não um único dotado de lados diferentes. Ou seja, ante o desenvolvimento desprovido de integração entre as informações tátil-cinestésicas e as visuais, evidenciavam-se problemas em relação à constância perceptiva que, obviamente, o programa de estimulação da visão residual estava colaborando para dotar a criança de experiências favoráveis ao exercício da referida constância perceptiva.

Depois de trabalhar com ênfase nas funções óculo-motoras de *fixação* e *seguimento* por ocasião do primeiro semestre, nos meses de agosto e setembro, o treinamento específico voltou-se mais para o aprimoramento da *acomodação*, função por meio da qual o olho ajusta-se, ou muda de foco, e permite ver a diferentes distâncias. Rolar bolas de diferentes tamanhos e cores sobre diferentes superfícies, posições e alturas, brincar com bexigas e carrinhos e o controle da visão acompanhando objetos que se aproximam e recuam constituem um trabalho bastante necessário e proveitoso para *Alice*, especialmente para o desenvolvimento da "força" necessária para a manutenção da fixação. Variando os materiais usados e com a situação sendo bem lúdica, a participação da aluna foi grande.

Passadas as primeiras semanas do mês de agosto, solicitamos, professora e eu, à ortoptista para que novamente avaliasse a criança, a fim de que pudéssemos nos certificar a respeito das mudanças que percebíamos em seu comportamento visual.

Na ocasião em que *Alice* foi reavaliada, as conclusões a que chegou a referida profissional foram que tanto a visão de perto como a de longe haviam melhorado. No melhor olho, a acuidade para longe havia passado de 10/300 ou 0,3 para 10/200 ou 0,5.

No olho direito, o registro ficou em 5/200 ou 0,025. Na visão de perto, a acuidade que era de 4 M, o equivalente a 20/200, alcançou o índice de 2 M, na qual a distância é equivalente a 20/100. Ou seja, por causa dos exercícios realizados, *Alice* estava conseguindo ver com mais eficiência, a distâncias um pouco maiores. A pequenas distâncias, aperfeiçoou-se sua capacidade de ver e interpretar informações e estímulos de menor tamanho.

Além desses aspectos, o que foi possível constatar na terceira avaliação realizada ao longo desse ano diz respeito à habilidade cada vez maior de *Alice* informar de maneira confiável. No início do ano, ainda não havia sido possível medir a visão. Em meados do primeiro semestre, as informações dadas pela criança já tornaram possível obter, pela primeira vez, uma medida da visão e, agora, no início do segundo semestre, obtiveram-se dados que imprimiram mais confiabilidade aos primeiros, já que foram valores bastante próximos, e permitiram um seguimento também quantitativo a uma evolução que, no âmbito escolar, vinha sendo de natureza mais descritiva e qualitativa.

Na continuidade do atendimento individualizado, passei a enfatizar o treinamento da *acomodação* e a estimular não apenas a visão a curtas distâncias (perto), mas também a afastar o estímulo que estivesse sendo visto até o ponto máximo em que isso fosse possível, procurando com isso chegar até a uma distância de 1 m para objetos de aproximadamente 10 a 15 cm de comprimento.

Outro aspecto é que, na atividade de seguir, as luzes começaram a ser substituídas por objetos e/ou materiais não iluminados. Contando apenas com a iluminação natural da sala, passei a empregar artefatos brilhantes por si mesmos ou brilhantemente coloridos. Nesses casos, pude perceber uma redução bastante grande no tempo de atenção e na capacidade de fixação no estímulo em movimento, em relação ao que se havia conseguido com luzes ou objetos diretamente iluminados. Por isso, foram selecionados, confeccionados ou comprados diferentes tipos de materiais para poder dar mais ênfase a esses objetivos.

De qualquer forma, mesmo procurando fazer exercícios com materiais à distância de 80 cm a até 1 m, em seguida eles continuavam a ser entregues à *Alice* para que os explorasse visualmente, manipulando-os ao mesmo tempo. Agindo assim, com a perspectiva de deixar a criança manusear o material e confrontar seus dados motores e cinestésicos com os perceptivos, estar-se-ia criando condições favoráveis ao exercício da constância perceptiva.

Pelo fato de tentar colocar objetos a distâncias maiores, a aluna já não podia tocá-los apenas com uma extensão de corpo e braços. Era necessário deslocar-se de um ponto a outro. Não havendo essa possibilidade, se ela tivesse apenas que focalizar aquele que lhe estivesse sendo solicitado, *Alice*, simultaneamente à resposta verbal, acrescentava um gesto de apontar que parecia conter em si a intenção de fornecer a ela mesma a certeza de que, assim, eu compreenderia aquilo que tentava comunicar-me. Com certeza, sua experiência pessoal de conhecer melhor aquilo que estivesse ao alcance de suas mãos estava influenciando a natureza da resposta que agora apresentava.

Reconhecer a existência do gestual nesse contexto não significou que tenha havido qualquer ação para tentar modificar o tipo de resposta dada. Serviu, porém, para tornar mais compreensível o modo como *Alice* percebia o ambiente e a maneira como ela concebia a percepção das demais pessoas a partir da sua própria experiência perceptiva.

Durante todo o mês de agosto, o cerne do trabalho de estimulação foi o que se procurou relatar. No início de setembro, já era possível notar, novamente, uma alteração da posição de perfil, para aquela em que *Alice* se situava de frente para o foco de sua atenção.

O nistagmo também estava mais controlado, atingindo o melhor padrão observado desde o início do atendimento. Com isso, as exigências estabelecidas para a aluna em termos de seu grafismo puderam ser aumentadas. Foram realizados exercícios combinando-se diversos pontos dispostos a diferentes distâncias uns dos outros, mas todos relacionados a um núcleo central. Ao realizar esses traçados, os mais complexos propostos até então, *Alice* conseguiu manter-se concentrada na atividade, embora lhe tenha sido dispensada ajuda física total para que aprendesse o mecanismo básico do exercício. Uma vez entendido o que deveria ser feito, a aluna foi incentivada, mediante instruções verbais, a traçar linhas que ligassem o núcleo central a todos os pontos que o circundavam. Eventualmente sem ajuda total, havia a necessidade de que fosse empreendido um esforço para localizar o ponto para o qual a mão deveria dirigir-se. Cabe enfatizar que, até esse momento, todos os traçados realizados pela aluna "corriam" pelo interior de duas linhas previamente feitas por mim, de maneira a orientar sua trajetória. No tipo de exercício que aqui vem sendo relatado, essas orientações não estavam mais presentes e a distância entre os pontos podia chegar até 10 ou 12 cm, de maneira que não lhe fosse mais possível perceber o ponto de partida e o de chegada sem movimentação dos olhos em diferentes direções.

Terminadas as atividades no papel, *Alice* pegava uma canetinha e "colocava seu nome" na folha, traçando uma longa linha em forma de ziguezague. Essa era sua possibilidade de expressão. Contudo, a aluna ainda não se utilizava de letras para grafar seu nome. Ocorre que, em sala de aula, a professora havia começado a fazer um trabalho destinado a chamar atenção dos alunos a respeito das possibilidades de usar determinados símbolos, no caso letras, como marcas externas que permitissem evocar o significado que tais marcas, inicialmente arbitrárias, passavam a representar e comunicar. Detalhes dessa intervenção serão mais bem explicitados no momento em que for descrita a atuação da professora.

Nesse sentido, no atendimento individualizado cujo objetivo era também acompanhar a natureza das atividades realizadas em sala de aula, foram feitos exercícios empregando os nomes dos alunos, escritos, a exemplo do que a professora havia estabelecido como procedimento de ensino. Em retângulos de aproximadamente 10 cm de comprimento eram redigidos, inicialmente, apenas o nome da própria *Alice*, passando a um e depois dois outros nomes de coleguinhas da classe. Foram cumpridas atividades de pintar, ligar, cobrir e copiar as referidas palavras, escritas com cola plástica ou pincel atômico.

Portanto, embora ainda não lhe fosse possível, naquele momento, utilizar-se daqueles sinais gráficos como forma de escrita, na prática, sua compreensão ou leitura começava a acontecer. Dessa forma, a intervenção objetivando estimular a visão residual de *Ali-*

ce havia transposto, definitivamente, o espaço de utilização exclusiva de materiais concretos e luzes.

Nos meses de agosto e setembro, a ênfase do trabalho em sala de aula utilizando canetas, giz de cera e materiais acentuou-se. *Alice* passou também a usar tesoura, embora no início a professora tivesse dado a ela uma comum, o que lhe causou dificuldades, não apenas por sua condição visual, mas pelo fato de ter a esquerda como sua mão dominante. Por essa razão, conversamos a respeito da substituição daquela tesoura por outra, adaptada para favorecer o manuseio por parte de crianças com problemas motores ou mesmo canhotas. Nesse caso, a dificuldade para realização dos movimentos diminuiria bastante, sendo possível valorizar mais o aprimoramento da coordenação viso-motora, que era o objetivo principal da atividade.

Um outro aspecto que caracterizou bem o início do segundo semestre letivo foi a tentativa da professora de iniciar uma categorização de tudo aquilo que estivesse sendo ensinado. Por exemplo, que coisas comumente fazem parte do cotidiano de uma mãe, de um pai, de um bebê etc. Ou seja, uma mamadeira, um carrinho, não eram somente identificados e nomeados. Procurava-se trabalhar com *Alice* e demais alunos aspectos tais como a utilidade dos objetos, a categoria em que poderiam estar situados e a que universo eles poderiam pertencer. Esse tipo de atividade produziu resultados importantes, já que especialmente para *Alice*, que principiava uma intervenção sistemática destinada a ampliar e diversificar seus conhecimentos em nível do reconhecimento, o somatório de eventos isolados só contribuiria para aumentar ainda mais a fragmentação que já se havia identificado em sua maneira de organizar-se perante informações. Portanto, a iniciativa da professora de partir do nível perceptivo e operar com categorias verbais foi muito valorizada.

Apenas um aspecto evidenciou a necessidade de continuar discutindo com a professora sobre o grau de adequação do material dado à criança. Em algumas situações, as figuras usadas apareceram ainda muito pouco nítidas, pequenas demais, dificultando o reconhecimento. Por essa razão, a impressão que tive ao analisar algumas atividades em que foram usadas essas figuras é que talvez

Alice não estivesse realmente agrupando figuras de objetos de uma mesma categoria, mas sim juntando pedaços de papel que ela havia aprendido que deveriam ser agrupados. Portanto, embora a atividade em si mesma fosse bastante interessante, havia a necessidade de um maior aperfeiçoamento na maneira de utilizar o material, ao usar figuras com uma objetividade visual muito maior, por exemplo.

De qualquer forma, o caminho trilhado pela professora deu ensejo a que, com base em tais agrupamentos ou grupos temáticos, organizados pela aluna com ajuda de um adulto, discutíssemos sobre a possibilidade de organizar um outro conjunto de atividades visando a parear não apenas "os iguais", como "quadrado/quadrado", "flor/flor", mas também todos aqueles que mantivessem relações funcionais, tais como "sapato/pé", "chapéu/cabeça", e pudessem associar-se em torno de critérios comuns.

Indo além, discutiu-se com a professora sobre a necessidade de começar a problematizar os exercícios propostos de maneira que, afora o fato de *Alice* juntar ou mesmo parear objetos e figuras por categorias, deveria ser incentivada a pensar sobre como proceder no caso de ser necessário adicionar mais um elemento para completar o par ou grupo.

No início, a diferença numérica não era nem notada pela criança que podia, por exemplo, "amontoar" duas ou três bonequinhas em uma só cadeira e, ao mesmo tempo, deixar cadeiras vazias. Nessa fase, não havia, por parte de *Alice*, nenhuma preocupação em constituir o pareamento pedido. À medida que o trabalho avançou, *Alice* passou a querer dar algum tipo de organização à atividade, mesmo que fosse segundo seu entendimento a respeito do que seria essa organização. Ela deixou de ser indiferente a qualquer tipo de solução, fosse qual fosse. Começou a ser possível observá-la tentando encontrar uma solução para a situação, elaborando respostas para atender às instruções pertinentes à tarefa.

Dessa forma, pareando unidades e trabalhando com a noção de quantidades, iniciava-se, especificamente, o processo de ensino/ aprendizagem dos conceitos numéricos, tal como constava do planejamento da professora da classe para esse período letivo. Assim como para todos os demais exercícios no papel, as especificidades sistematicamente discutidas com a professora para facilitar a visualização do material foram ainda de manutenção de "clareza" absoluta quanto à definição de detalhes, traços e linhas.

O que se verificou é que *Alice* começou a realizar o pareamento "um para um", ligando as figuras já existentes na folha de exercícios e, na ausência de um determinado elemento, desenhando aquele necessário para completar os grupos e deixá-los com as mesmas quantidades. Em seguida, mesmo sem ainda conhecer os numerais, a aluna passou a tentar compor conjuntos, por meio do uso de materiais ou de desenhos, inicialmente com e depois sem modelos.

De maneira que, nesse período do ano, *Alice* já era capaz de ligar figuras iguais e não iguais e desenhar figuras geométricas simples. Com esses desenhos ela podia completar um determinado conjunto, visando a dotá-lo da mesma quantidade que o conjunto fornecido pela professora como modelo.

Conversando com a professora, discutíamos bastante a importância das noções de partes do corpo, o *todo corporal*, a movimentação corporal e noções do espaço físico/ambiente em relação ao corpo. Avaliávamos também a importância de todos esses aspectos para a construção de conhecimento, por parte de *Alice*, a respeito dela própria em contato com o ambiente físico e humano, subsidiando suas possibilidades de orientação e mobilidade.

Do ponto de vista prático, porém, algumas dificuldades quanto à realização de atividades necessárias para a consecução de objetivos, envolvendo o desenvolvimento da noção do esquema corporal, foram evidenciadas pela professora. Essas dificuldades diziam respeito, sobremaneira, à dispersão de atenção que atividades mais dinâmicas geravam no grupo participante, diferentemente do que se observava numa instância individualizada.

Por razões como essas, em que a natureza de cada uma das situações aparece muito bem definida, é que se procurou estabelecer ainda mais uma "atmosfera" de cooperação entre as intervenções realizadas pela professora e por mim. Essa tendência pôde-se identificar mais no decorrer do terceiro bimestre, pelo fato de que muitas das atividades que caracterizaram o treinamento individualizado já não eram tão específicas daquela situação. O que havia principiado bastante díspar ia gradualmente tornando-se mais assemelhado, em razão dos progressos obtidos com a estimulação da visão. Dessa forma, as atividades já contavam com poucas adaptações e com o uso de estratégias e recursos perfeitamente compatíveis com o andamento dos trabalhos em sala de aula como é possível ao leitor perceber, segundo uma análise geral sobre a natureza dos objetivos relacionados anteriormente nos Quadros 1, 2, 3 e 4.

Uma intervenção bastante interessante, que começou a ser realizada pela professora envolvendo toda a classe, teve implicações significativas no desenvolvimento de *Alice*. Valendo-se de fotografias dos alunos, a docente organizou um mural, ao qual passou a associar cartões contendo os nomes de cada um deles. Conforme ressaltado anteriormente, os conhecimentos introduzidos por força da estimulação de uma criança com deficiência visual acabaram por incorporar-se ao modo de agir da professora, mesmo diante de alunos sem essa dificuldade, mas que, em certo sentido, beneficiaram-se com a utilização de um material didático visualmente muito mais atraente. As cores usadas, as dimensões dos símbolos e a disposição dos cartões no mural demonstravam já uma preocupação por parte da professora com relação à aparência, ao impacto visual produzido pelo material, aspectos que até então eram considerados, mas de uma maneira não muito planejada e nem tão intencional.

Contudo, mesmo com esses cuidados em relação à parte visual, ainda assim eventualmente aconteciam problemas como este que se comenta a seguir. Foram confeccionados vários cartões de aproximadamente 30 cm cada um, nas cores amarelo, alaranjado e azul-marinho, nos quais foram escritos os nomes dos alunos, usando-se, para tanto, colas plásticas preta nos dois primeiros e amarela no último. Quando estive na escola, observei que os alunos, juntos, tentavam encontrar seus próprios cartões, tendo o mural com os nomes e as fotografias de cada um da classe como modelo ou referência para consulta. *Alice*, por sua vez, conseguia encontrar e recolher os cartões amarelo e alaranjado, desistindo daquele em que o fundo era azul, já que o contraste entre o amarelo das letras sobre o azul do cartão ficava muito prejudicado, em razão de um "escurecimento" da cola amarela quando sobreposta ao fundo.

Sem perceber esse aspecto, a professora continuava insistindo no uso do mesmo material, por julgar que a criança necessitasse ainda de um número maior de oportunidades, até consolidar a aprendizagem. Contudo, uma vez excluídos os cartões nos quais o contraste era "pobre", as respostas incorretas deixaram de ocorrer.

Em se tratando do desempenho de pessoas com visão subnormal ou baixa de visão, essa é uma realidade muito comum. Até que ponto o aprendiz ainda não sabe? Ou não responde porque o estímulo que permitiria a discriminação, para ele, *não existe*? Como no exemplo citado, para *Alice*, o cartão com baixo contraste não veiculava informação nenhuma. Apenas quando isso passou a ser considerado, percebeu-se que a aluna estava apta a identificar seu próprio nome em cartões amarelos e alaranjados, mas não em azuis. Portanto, não era mais necessário ensinar a aluna. Ela já havia aprendido a identificar seu nome. Era preciso, apenas, combinar corretamente as cores usadas no material ou em qualquer outra situação.

Com a introdução de palavras escritas no trabalho de sala de aula, abriram-se perspectivas novas. Exercícios de memória visual, identificação e reconhecimento, por exemplo, que vinham sendo realizados exclusivamente com representações (figuras, desenhos, fotografias), puderam começar a ser feitos com símbolos. Quanto a isso, inicialmente os símbolos usados foram considerados arbitrários, porque a eles *Alice* atribuía um significado particular e específico. A partir do final de agosto, essa simbologia começou a englobar também palavras, momento em que as crianças principiaram a leitura de seus próprios nomes, discriminando-os dos demais.

O grau de detalhamento, o nível de dificuldades e o tempo dedicado à exploração visual aumentaram. *Alice* era solicitada a realizar uma diversidade bem maior de atividades, usando sua visão para perto. E, embora a escrita fosse uma linha sinuosa, como descrito antes, na leitura ela começava a identificar corretamente o seu nome e a discriminá-lo entre os demais.

Em meados de setembro, a escrita de *Alice* foi alterada. Ela começou a marcar suas folhas de exercícios com esboços de letras, e a primeira delas na palavra já podia ser claramente identificada. O que era bastante confuso, ainda, era a posição em que ela grafava essa letra. *Alice* ia escrevendo "aqui e ali", sem organização e sem posição definida. No entanto, para a professora isso nunca representou um problema. Toda iniciativa era valorizada e não havia correções. Havia, sim, o uso de exemplos corretos para que a aluna aprimorasse a organização espacial e a configuração de cada uma das letras, utilizando fichas que, tomando por base um modelo pronto, ela também deveria arrumar.

Trabalhos dessa natureza iam contribuindo para que *Alice* usasse sua visão, primeiro porque apenas por meio desse sentido seria possível realizar as atividades e, segundo, porque o nível de detalhamento ia exigindo um controle maior da musculatura responsável pela utilização dos olhos e uma compreensão mais global dos elementos presentes no todo, necessitando assim de um programa para aquisição e utilização tanto de análise quanto de síntese.

Finalmente, os aspectos que se deseja comentar em relação aos acontecimentos ocorridos já no final do terceiro bimestre dizem respeito à maneira de a professora relacionar-se com *Alice*, e da própria aluna no convívio com seus colegas de classe.

A mim parecia que o entusiasmo da professora ainda persistia, mas muito mais centrado em dados de realidade, deixando para trás uma certa euforia que havia caracterizado sua atuação em meados do primeiro semestre. A condução do processo ensino–aprendizagem estava sob seu controle e ela podia perceber que suas intervenções resultavam em transformações. Ela era a responsável pelas mudanças.

Além disso, tais mudanças não eram apenas no âmbito do desenvolvimento perceptivo, cognitivo ou da linguagem. Havia uma evolução significativa da afetividade e da socialização. *Alice* já se deixava tocar fisicamente e *arriscava* mesmo carinhos em alguns colegas, um em especial, mas se relacionando basicamente com todos os demais. Esse entrosamento permitiu que a professora se utilizasse de um manejo de sala de aula denominado *ensino cooperativo*, no qual várias crianças, com repertórios e habilidades diversificadas, auxiliam-se mutuamente. *Alice* estava entendendo e aceitando regras coletivas e, o que também é muito importante, beneficiando-se dos modelos oferecidos por uma amiguinha sua, que procurava imitar, em um primeiro momento, afastando-se aos poucos: parecia ir assumindo o controle da situação até conseguir atender às solicitações de forma independente.

AVALIAÇÃO DAS CONDIÇÕES VISUAIS DE ALICE, COMO CRITÉRIO DEFINIDOR DE PROCEDIMENTOS PARA O QUARTO BIMESTRE

A partir do momento em que praticamente pouquíssimos objetivos da seção C – quatro, o que representava 17% do total – ainda não haviam sido abordados e outros 26% daqueles da seção D já estavam incluídos no planejamento tanto do atendimento individualizado como da sala de aula, decidiu-se que algumas modificações poderiam ser introduzidas, a título de experimentação. Observações de seu comportamento e os produtos das atividades indicavam que *Alice* estava muito bem. Fazia posição de cabeça, ainda apresentava nistagmo, especialmente quando o esforço visual era grande, mas tais características não iriam mesmo desaparecer. Faziam parte do quadro clínico e funcional de *Alice*.

Em contrapartida, ao atingir objetivos da seção D, com tendência a desenvolvê-la por inteiro, pareceu-me que o trabalho realizado em sala de aula seria suficiente para dar conta das necessidades atuais da aluna, pois ela teria nas atividades que lhe eram peculiares oportunidade de contemplar os objetivos que se apresentavam naquele momento.

Envolvendo basicamente as funções ópticas e perceptivas no plano das representações e com enfoque na coordenação olho–mão, *Alice* não necessitaria mais se ausentar, pelo menos semanalmente, de sua classe. As características do treinamento, inicialmente bastante diferenciadas, foram progressivamente se tornando mais similares àquelas do contexto educacional que, cabe ressaltar, haviam incorporado as modificações necessárias para atender às necessidades especiais da criança.

Por essas razões, tomei a decisão de suspender, por poucas semanas, as atividades que vinha realizando com *Alice* e observar se seria mais adequado suprimir definitivamente o trabalho específico ou retomá-lo novamente, mesmo que em outras bases.

Assim, o mês de outubro foi dedicado a visitas à escola e a conversas com a professora, a fim de manter um bom nível de informações a respeito dos fatos que ocorriam.

Obviamente, embora eu me mantivesse a par das ocorrências, o contato direto com *Alice* diminuiu, tanto em termos de número de vezes quanto em relação ao número de horas. Nesse período em que o atendimento individualizado foi suspenso (quatro semanas), a criança continuou indo à escola e realizando as atividades planejadas pela professora.

Pareceu-me que essas atividades estavam adequadas, tanto na maneira de apresentá-las quanto em relação a seus conteúdos. A professora estava conseguindo incentivar *Alice* a realizar as mesmas tarefas dadas para os outros alunos, apenas com alguns cuidados quanto à necessidade de manter alto contraste, iluminação e distâncias adequadas, tomando por referência o tamanho daquilo que estivesse sendo visto.

O desempenho visual de *Alice*, no entanto, nas situações que se procurará descrever, mostrou a necessidade de uma reflexão sobre as conseqüências de ter sido interrompido o treinamento específico.

O que mais chamou minha atenção foi a redução na ocorrência das chamadas funções visuais básicas, que pareciam mais estabilizadas e constantes desde o final do segundo bimestre. *Alice* praticamente não estava mais estabelecendo contato visual de maneira espontânea, por exemplo. Cheguei a perceber e registrar períodos prolongados, de aproximadamente cinco minutos, em que a criança, conversando comigo, não realizou nenhuma tentativa de contato visual por sua própria iniciativa. Apenas quando chamada a atenção para que *olhasse para*, manifestou a intenção de tentar, mas o esforço muscular não foi suficiente para manter o olhar voltado para o alvo. O nistagmo estava mais persistente e até com o balançar de cabeça acompanhando esse nistagmo, num padrão que ela já havia superado. O seguimento horizontal voltou a ficar descontínuo, aos saltos.

Apesar dessas condições, o desempenho visual de *Alice* em atividades gráficas apresentava-se razoavelmente eficiente. As principais dificuldades concentravam-se a distâncias entre 50 cm e 1,5 m, bem como nos momentos em que havia interação entre ela e uma outra pessoa.

Contudo, a visão para perto também não deixou de ser afetada, mas com menor grau de intensidade. *Alice* estava aproximando mais, novamente entre 5 e 10 cm e, em atividades de montagem, até sem usar a visão, apenas com o tato.

As circunstâncias que aqui se enumeram pareciam não decorrer exclusivamente das possibilidades visuais da criança em questão, mas resultar também de uma atenção menor que levava a um comportamento geral de desconcentração e dispersão.

É necessário que se diga que fatores outros poderiam estar corroborando para o aparecimento das dificuldades que aqui estão sendo apontadas. Outubro foi um mês em que o número de faltas da aluna à escola foi grande. Por doença e problemas familiares que dificultaram a rotina doméstica, *Alice* ou não foi, ou perdeu a perua que a levaria ao CER. Segundo a professora, a criança passava por um período de alheamento e falta de vontade para tudo.

Além disso, houve, no mesmo período, um problema sério envolvendo um dos alunos da classe, o que acabou por repercutir no andamento dos trabalhos em sala de aula e na saída da escola, em virtude de mudanças da cidade para uma usina de álcool, de uma aluna que era a líder da turma.

Por essas razões, não só para *Alice* mas também para todas as demais crianças, as conseqüências sobre o desempenho do grupo foram evidentes. Portanto, não se deseja aqui explicar uma mudança nos padrões de comportamento apenas pela interrupção da rotina semanal referente ao treinamento da visão residual de *Alice*, mas sim por um conjunto de situações que, muito provavelmente, influiriam negativamente, ainda que o atendimento individualizado tivesse permanecido.

Afora esse aspecto, que sem dúvida foi considerado, a análise que aqui se deseja fazer é que, por essa ou aquela razão, a interrupção do programa de intervenção como vinha ocorrendo foi considerada precoce e inadequada. Aparentemente, tanto o treinamento individualizado como as atividades de sala de aula cumpriam objetivos específicos, mas que, complementarmente, resultavam num aprimoramento mútuo. Porém, o processo de generalização parecia não se dar apenas com a existência da segunda situação. Parecia, sim, ser necessário haver as *duas* situações, cada uma delas com suas peculiaridades para que, então, fosse possível observar as generalizações que haviam sido registradas anteriormente.

Dessa maneira, o treinamento visual possível no contexto das exigências das atividades parecia ser insuficiente para garantir a manutenção das habilidades visuais previstas pelas funções ópticas e perceptivas. Ou seja, embora complementares, cada uma das duas situações parecia ser necessária como tal. Por isso, decidiu-se reinstituir o horário semanal para treinamento da visão residual de *Alice*, com o cuidado de assessorar de maneira mais efetiva a ação da professora em sala de aula, para que lhe fosse possível, por si própria, dar a ênfase necessária aos aspectos do desenvolvimento que, mais fragilizados tanto em sua aquisição quanto manutenção, assim exigissem.

No processo de retomada das seções individualizadas de treinamento foram usados, primordialmente, materiais concretos.

A uma distância de 50 cm e na linha média, *Alice* foi incentivada a realizar alcance e focalizar objetos familiares, tal como boneca ou argolas coloridas. Com os mesmos materiais foram também feitos exercícios visando ao treinamento da transferência de atenção e da memória visual, quando um desses objetos era retirado do campo visual da criança para que ela percebesse e indicasse qual deles estava ausente.

Passando, em seguida, a três objetos consecutivamente, com a inclusão de uma bola pequena e colorida, foram realizados os mesmos exercícios, tentando aumentar a distância dos objetos de 50 cm para até 1 m.

Foram realizados também exercícios de encaixes, de seguimento horizontal, vertical, circular e em profundidade, para trabalhar a *acomodação*. Somente após realizar todas essas atividades a distâncias maiores do que 50 cm, passou-se à mesa, na qual as distâncias podiam oscilar entre 5, 10 e até 30 cm de distância. Ou seja, no planejamento das atividades, a ênfase da atuação incidiu no treino das funções visuais e óculo-motoras, presença e natureza das respostas visuais e reações aos estímulos, resguardando-se distância e tamanho mais apropriado de objetos e figuras. Contudo, apesar da insistência do treinamento nesses aspectos, objetivos novos puderam também ser incorporados ao rol daqueles com os quais já se havia trabalhado previamente.

Quadro 5 – Objetivos relacionados a funções visuais – ópticas, perceptivas e viso-perceptivas – trabalhadas no decorrer do quarto bimestre

Seções	Funções	Item/Número	Objetivos
C		25	Juntar objetos por meio de pista visual.
		30	Encaixar objetos.
		42	Localizar objetos indicados.
		44	Imitar a posição de objetos.
		46	Combinar objetos de cores vivas.
		52	Imitar desenho de pino e de conta.
		54	Combinar objetos pelo tamanho e comprimento.
D	Ópticas e perspectivas	66	Desenhar, de memória, quatro figuras geométricas.
		83	Identificar elementos específicos nas figuras.
		84	Combinar figuras pelos detalhes interiores.
		85	Identificar objetos e ações em figuras simples.
		89	Posicionar o corpo para imitar posições de figuras de pessoas.
		91	Discriminar objetos específicos em figuras coloridas.
		92	Identificar os elementos omitidos em figuras de objetos.
		93	Reconhecer objetos específicos nas figuras.
F	Ópticas, perceptivas e viso-perceptivas	112	Copiar figuras abstratas com linhas curvas e retas.
		115	Combinar números e letras.

No Quadro 5 foram indicados os objetivos que, trabalhados no final do quarto bimestre, completaram o conjunto total de objetivos daquele ano letivo.

Na seção C aparecem relacionadas as últimas lições necessárias para concluir todo o rol de objetivos pertinentes a ela (seção), com exceção dos número 28 e 29, excluídos pelo fato de inexistirem no ambiente escolar os materiais e a situação que os viabilizassem. A exclusão, porém, pareceu não representar um déficit significativo na qualidade da programação das tarefas, visto que todos os demais itens constaram da programação.

Já na seção D, no objetivo de número 46, no qual se exige que sejam feitas combinações por cores vivas, a atividade transcorreu normalmente, para que *Alice* tivesse oportunidade de lidar com cores. Porém, dada sua dificuldade nesse aspecto, foram usados níveis de ajuda, correções e modelos, pelo menos para que lhe fosse possível aprender a parear tons semelhantes ou, no caso de alguma visão para cores, exercitar o reconhecimento e a discriminação.

No item 66, o procedimento contemplou exclusivamente as figuras geométricas comumente ensinadas para crianças pré-escolares – círculo, quadrado e triângulo – deixando para um momento posterior a forma oval.

Um outro aspecto que necessita ser comentado é que no Quadro 5 não aparecem itens pertinentes à seção E, passando diretamente para o conjunto das funções seguintes, na seção F. Ocorre que, na verdade, a última subdivisão do programa para estimulação de visão subnormal à qual se pôde chegar foi a seção D, mesmo assim não em sua totalidade, que é aquela correspondente ao desenvolvimento esperado para crianças dotadas de desenvolvimento visual normal, com idades entre dois e quatro anos.

No período a que essa pesquisa se refere, portanto, não foi possível realizar o treinamento dos objetivos que caracterizam a seção, cujo propósito é o desenvolvimento da memória para detalhes de figuras e modelos complexos, da relação de partes para com o todo da imagem visual, bem como da discriminação figura/fundo e da compreensão da perspectiva próximo-distante (Barraga & Morris, 1985).

Os dois únicos itens da seção F incluídos no Quadro 5 assim o foram em virtude das atividades de leitura e escrita implementadas pela professora em sala de aula.

Ao final do quarto bimestre daquele ano letivo, em que se procurou tornar funcionalmente útil a visão residual de *Alice*, as condições obtidas mostravam, em síntese, o que se apresenta a seguir.

Muitos aspectos permaneciam inalterados, evidentemente. *Alice* continuava a apresentar perda de campos visuais central e periférico, desequilíbrio muscular, nistagmo, posição de cabeça, baixa acuidade visual, pouca sensibilidade a contrastes e ausência de coordenação binocular, por exemplo. Porém, ela havia aprendido, até com um bom nível de eficiência, a se utilizar melhor dessas condições com o propósito de ver e interpretar o que estivesse sendo visto.

O domínio sobre a movimentação dos músculos responsáveis pela ação coordenada dos olhos havia aumentado. Dessa maneira, o nistagmo, que no início do treinamento sofria um acréscimo sempre que havia a tentativa de fixação, com o passar do tempo foi sendo reduzido, passando a ficar sob gradual controle, nas mesmas condições de fixação.

Aprimorada a referida *fixação* e também a *focalização*, tornou-se possível exercitar a transferência voluntária do foco de atenção, por meio da mudança de olhar, a exploração visual de objetos, pessoas e eventos, o *seguimento* e a *acomodação*.

A atenção dedicada à exploração visual levou *Alice* a conhecer e compreender melhor o meio ambiente físico e social circundante e a dar *feedbacks* às pessoas com as quais interagia, fazendo que essas pessoas, por sua vez, também se sentissem mais encorajadas a interagir com ela.

Embora o sentido distal tivesse sido exaustivamente exercitado e incentivado a acontecer, a visão a distância esbarrava na reduzida acuidade visual. Apesar dessa limitação, o uso do tato havia sido, se não completamente substituído pela visão, pelo menos incorporado a ela para fornecer a *Alice* informações sensoriais complementares.

Finalmente, na visão de perto ou a curtas distâncias, ocorreu uma mudança importantíssima no comportamento visual da aluna. Tornou-se possível coordenar os dados visuais e motores, subordinando-os a um sistema viso-motor, no qual a habilidade óculo-manual foi a mais beneficiada.

Por ocasião do término do ano letivo, *Alice* começava a ler e escrever com material ampliado.

Um conjunto grande e diversificado de atividades foi realizado nesse período e, embora denominado aqui bimestre letivo, refere-se, de fato, aos meses de outubro, novembro e alguns dias do mês de dezembro que antecederam as férias.

De maneira geral, a forma de conduzir as atividades e os cuidados observados na preparação do material instrucional permaneceram os mesmos. A professora estava trabalhando muito bem com as necessidades de *Alice*, por apresentar as atividades com um bom padrão de contraste, por usar e permitir que a aluna também usasse apoio tátil quando isso se fizesse necessário e, finalmente, por não impedir a locomoção da criança pelos espaços, a fim de facilitar a aproximação visual do que fosse necessário, acompanhada ou não da exploração dos objetos com o tato.

Quanto a isso, o que se pôde constatar é que, para *Alice*, o espaço do CER havia se tornado bastante familiar: a essa altura do ano, *Alice* deslocava-se nesse ambiente com uma desenvoltura similar àquela que também apresentava em casa. Atendia tranqüilamente solicitações da professora para que fosse buscar coisas na sala de aula. Já em relação ao espaço externo, por ser maior e mais variável, eventualmente *Alice* procurava, mas não conseguia encontrar objetos, mesmo que fossem grandes, como uma bola, pela qual passou sem que pudesse localizá-la. Assim, apesar de certas limitações, *Alice* havia adquirido completa autonomia quanto ao uso das dependências do estabelecimento escolar.

Em sala de aula, com seu grupo de colegas, *Alice* parecia integrada, embora conversasse muito pouco. Relacionava-se primordialmente com a própria professora e com um aluno mais novo, quase como se ele fosse um "brinquedo vivo". *Alice* cuidava dele, fornecia brinquedos e utensílios; quando ele necessitava, fazia-lhe companhia, brincava e o auxiliava quando, por conta de uma dificuldade neuromotora, não conseguia realizar um determinado movimento.

Esses comportamentos eram, basicamente, privados de diálogo verbal. Havia gestos suficientes, num determinado contexto, para que o outro compreendesse. Cabe lembrar que essa criança com quem *Alice* mais se identificava, em razão do quadro de paralisia cerebral, também verbalizava com dificuldade.

Com os demais, embora o relacionamento não fosse tão constante, não era de natureza agressiva, como no início. Ninguém a rejeitava mais. Porém, essas eram as únicas crianças com as quais *Alice* interagia. Mesmo que estivesse num grupo grande, como no tanque de areia, por exemplo, ela procurava sempre um outro aluno de sua própria classe, a professora, ou então ficava sozinha e assumia o padrão postural em que o pescoço se curvava, a cabeça ficava inclinada para frente e os olhos semicerrados.

Em termos de atividades que resultavam em um produto, especialmente de natureza gráfica, desde o terceiro bimestre *Alice* já as realizava com mais independência da ajuda da professora. Mas, por exemplo, ela ainda não grafava nem letras e nem numerais. Ela *escrevia* seu nome com linhas em ziguezague e identificava quantidades já agrupadas.

À medida que o processo de ensino-aprendizagem foi se desenvolvendo, a aluna começou a escrever letras e numerais e a representar quantidades por meio de desenhos simples, baseando-se em modelos. Agindo dessa maneira, tinha-se, pela primeira vez, uma representação simbólica, em que a aluna buscava reproduzir sinais, fossem eles numerais ou letras e palavras.

A possibilidade de *Alice* dedicar-se a escrever permitiu que pudesse observar e analisar, de uma perspectiva nova, a maneira como ela estava empregando a visão, e que outras formas de treinamento poderiam ser equacionadas. Isso porque, até então, em todos os trabalhos nos quais a coordenação viso-motora havia sido exercitada, o nível de detalhamento exigido também havia sido menor, assim como o tempo dedicado à conclusão.

Pintar, colar, rasgar papel, modelar, ligar pontos ou figuras, repassar linhas, circular figuras, marcar com "x" são os principais exemplos de habilidades óculo-manuais até então realizadas por *Alice*. Em todos esses casos – o traçado envolvido, por não ser tão complexo – vez ou outra a aluna os executava dissociadamente, ou seja, a mão realizando movimentos sem que os olhos a estivessem dirigindo.

No caso da escrita de letras, essa desagregação já não poderia ocorrer, pois *Alice* tentava reproduzir um modelo de natureza mais elaborada. Com uma quantidade e uma variedade de sinais muito maior, tanto quanto uma diversidade de noções de posição e organização espacial envolvidas na estrutura de uma palavra, tais símbolos excediam, e muito, em termos de complexidade, às representações realizadas anteriormente.

Dessa forma, conversando com a professora, foram sendo estabelecidas estratégias para ajudar a aluna a realizar a tarefa de ir substituindo suas marcas pela escrita de letras para representar seu nome. Inicialmente de maneira mais livre, observou-se que *Alice* começava a esboçar algumas, ao passo que as demais continuavam sendo representadas por linhas quaisquer, dispostas aleatoriamente.

Utilizando-se de folhas quadriculadas (aproximadamente 3 por 4 cm cada uma das celas), estabeleceu-se um procedimento de modelagem das respostas progressivamente mais similares ao modelo. *Alice* podia tanto escrever letras como selecionar cartõezinhos já escritos pela professora, os quais ela dispunha na cela correspondente e, em seguida, os colava.

Toda essa atividade, de nível complexo na perspectiva de utilização da visão integrada à coordenação motora manual, exigiu um trabalho com duração de um ano letivo, voltado para a aquisição, aperfeiçoamento e generalização de funções que, consideradas básicas, tornaram possível o desenvolvimento de habilidades de discriminação, identificação, seqüenciação e reprodução de figuras e símbolos.

Concluindo, o trabalho em sala de aula foi responsável pela mudança na qualidade do uso da visão de perto de *Alice*.

CONCLUSÃO

O entendimento daquilo que é visto é análogo à compreensão da linguagem. Ambos envolvem uma procura por significado. Visão é uma habilidade consciente para ler o ambiente, interpretar imagens, reconhecer detalhes e extrair sentido das relações espaciais. O reconhecimento de objetos e cenas e o raciocínio sobre possíveis interações físicas são funções cognitivas. A compreensão daquilo que é visto, assim como a compreensão daquilo que é ouvido, envolve uma procura ativa e intencional por significado. Para adquirir linguagem, é necessária uma habilidade para ouvir e interagir com os elementos da própria linguagem. Do mesmo modo, a visão requer habilidade para identificar imagens e interagir com os elementos da linguagem visual. (Rogow, 1992, p.57)

De maneira geral, as idéias sobre a natureza e o curso do desenvolvimento da visão são muito limitadas e distorcidas. Há uma crença generalizada de que a criança adquire visão automaticamente, sem precisar ser ensinada, diferentemente do que ocorre com a aquisição da linguagem. Para compreender tal fato, basta que se observe o comportamento de pais de uma criança pequena: para que aprenda a falar, são fornecidos diferentes tipos de modelos, a compreensão e a emissão são sucessivamente incentivadas em diferentes situações e é consenso que, sem a imitação dos pares, a linguagem oral não ocorre espontaneamente. No entanto, muito provavelmente, essa mesma criança não será intencionalmente ensinada a ver e, mesmo assim, ela desenvolverá essa habilidade.

"Confirma-se", assim, a impressão de que a visão ocorre espontaneamente, como resultado apenas de um processo de maturação. O valor do ambiente, da aprendizagem e do treinamento não é levado em consideração. Os pais não se dão conta, não têm consciência de que estão ensinando o bebê a ver, quando aproximam o rosto do berço e se deixam tocar, quando procuram pôr móbiles ou quaisquer outros objetos próximos, quando multiplicam as cores dos brinquedos da criança, quando chamam a atenção para ver o gatinho passando, por exemplo.

Esses pais, mesmo que de maneira não intencional, estão trabalhando aspectos como a fixação e o acompanhamento, a focalização, convergência e acomodação, a coordenação binocular, a discriminação de cores etc.

Em se tratando daquelas pessoas que apresentam déficits nas habilidades visuais, o entendimento de que se aprende a ver sem treino tende a constituir um aspecto extremamente desfavorável. Nesses casos, caberá ao ambiente, entendido aqui em toda sua complexidade e de forma não intencional, sem nenhum processo planejado de estimulação, "ensinar" essas pessoas a usar e mesmo desenvolver sua visão, bem como interpretá-la da melhor maneira possível.

No presente trabalho, procurou-se, justamente, descrever e discutir o caso de uma criança portadora de visão subnormal acentuada, não exposta a nenhum processo intencional de estimulação até os seis anos de idade, quando passou a ser submetida, no ambiente escolar, a um programa de treinamento para promover a eficiência visual.

Ao longo de um ano letivo de trabalho, surgiram várias questões relevantes, como se procurou evidenciar. Alguns desses aspectos serão, aqui, retomados e discutidos mais especificamente, para efeito de aprofundamento.

Em primeiro lugar, seria importante e conveniente que se ressaltasse um desses aspectos, mais genérico, mas que pode ilustrar a necessidade da condução de trabalhos de investigação sobre a educação do indivíduo portador de necessidades especiais em nosso meio e abarcando problemáticas que nos digam respeito como é, por exemplo, a ocorrência da toxoplasmose congênita que, no caso de *Alice*, trouxe conseqüências graves.

Nos países desenvolvidos, em que existem medidas de saúde e educação sanitária visando prevenir a referida patologia, o número de casos, embora variável, é sempre baixo. Talvez por essa razão o número de artigos publicados em periódicos especializados também seja pequeno.

Já nas Américas do Sul e Central, essa é uma tendência completamente inversa: publica-se mais sobre esse assunto, mas sempre na área de saúde, com enfoque médico. Dessa maneira, por aqui existe um número até que razoável de pesquisas sobre a toxoplasmose congênita, mas sempre em aspectos biomédicos. Sobre educação de pessoas que têm seqüelas dessa doença pouco ou nada há.

Portanto, se já são escassas as pesquisas com o propósito de estudar a importância de procedimentos de intervenção para promover o desenvolvimento de crianças com deficiências visuais no Brasil, praticamente nada se sabe sobre tais procedimentos em relação às necessidades de crianças vítimas da zoonose parasitária mais difundida no mundo, em sua forma congênita.

Embora não se esteja, aqui, defendendo a escolha de procedimentos de intervenção com base em etiologias, em se tratando de deficiência visual, mais do que a identificação do quadro etiológico, o reconhecimento das seqüelas e suas manifestações é extremamente importante. Várias decisões foram tomadas em razão do conhecimento das peculiaridades anátomo-fisiológicas do sistema viso-ocular de *Alice*, sistema este marcado por seqüelas da toxoplamose.

No caso de infecção pelo *Toxoplasma gondii*,

> qualquer órgão do feto pode ser atacado, mas o cérebro e a retina são especialmente suscetíveis aos danos, quando o parasita é adquirido durante o primeiro trimestre de gravidez. Convulsões, calcificações intracranianas e cicatrizes coriorretinianas são os "3 Cs" da toxoplasmose congênita ... A característica mais comum da toxoplasmose congênita são os problemas oculares. Crianças afetadas geralmente nascem com cicatrizes na retina, indicando que a doença ocorreu no útero. (Spires, 1993, p.175)

Evidentemente, compreender a natureza do quadro etiológico passará a ter significado se puder auxiliar o profissional a intervir de forma mais eficiente, instrumentalizando-o a agir com maior segurança e assertividade: implicações resultantes do uso de um programa de treinamento para uma criança com a especificidade de alterações oftalmoscópicas representadas por atrofia do nervo óptico em ambos os olhos, lesões inflamatórias cicatrizadas na retina, bem como degeneração de sua área mais periférica.

Tomando como referência o programa para estimulação da visão desenvolvido por Barraga et al. (1977), com *Alice* a intervenção teve suas particularidades: as etapas seqüenciadas do referido programa foram usadas apenas como sugestão; o treinamento ocorreu no próprio ambiente da escola; a professora participou de todo o processo realizado com a criança, mesmo sem possuir formação específica na área; e, por fim, procurou-se analisar e avaliar as reais possibilidades de generalização das funções estimuladas para as demais situações vivenciadas pela aluna no ambiente escolar.

As etapas seqüenciadas do programa foram usadas apenas a título de sugestão, como os próprios autores aconselham. A seqüência de objetivos prevista no programa constituiu uma referência para aquele profissional que, ao conhecer a criança, suas características e necessidades, decide qual a melhor estratégia para realizar o treinamento que levará à estimulação visual. No entanto, não foram encontrados na literatura trabalhos nos quais os autores se dispusessem a explicitar qual a seqüência usada e/ou justificar o porquê das escolhas feitas, das decisões tomadas.

Dessa forma, parece que realmente faltam pesquisas destinadas a realizar um exame atento e minucioso das possibilidades do referido programa de Barraga, ante o diversificado universo das pessoas com baixa de visão.

Alguns autores, aqueles que se auto-identificam como geração de professores treinados após o estudo de 1964, ou *pós-Barraga*, têm recomendado cautela:

> uma intervenção bem-sucedida com uma criança, rapidamente se transforma na melhor prática para todas as crianças. Em qualquer outro campo, um estudo deveria ser satisfatoriamente replicado com muitas crianças, para então ser replicado novamente antes de ser adotado como um procedimento pedagógico. Em razão de a população de crianças que atendemos ser tão heterogênea e tão reduzida, nós raramente deveríamos achar que replicações são um luxo. Como

educadores, nós temos a responsabilidade de testar teorias, documentar procedimentos e justificar intervenções. Após vinte anos de programas de estimulação da visão, as evidências deveriam ser incontestáveis, em lugar de ambíguas ou ausentes. Até que tais evidências existam, pais e professores deveriam reexaminar suas convicções sobre estimulação da visão e questionar em relação a qual criança ela se aplica: a estimulação da visão funciona? A criança melhorou depois de passar pela intervenção? Há outras instruções de que a criança necessite mais? Respostas a essas questões deveriam poder guiar tanto a prática em andamento quanto futuras pesquisas. (Ferrel & Muir, 1996, p.366)

Refletindo sobre as idéias contidas nesse artigo, o que se constata, até com bastante surpresa, é que mesmo nos Estados Unidos a empolgação parece ter ofuscado a necessidade de estudos voltados para o entendimento ou a compreensão do que é, realmente, a eficiência visual e como ela pode ser desenvolvida.

À luz da experiência empreendida com *Alice*, parece que as discussões suscitadas por esses autores são da maior importância e relevância.

No entanto, embora apontem questões preocupantes, esses mesmos autores (Ferrel & Muir) são porta-vozes de uma corrente de pesquisadores que, ao indicar os referidos problemas, parecem estar cometendo os mesmos erros que denunciam quando afirmam que a estimulação da visão, nos moldes do trabalho de Barraga, deveria ser reavaliada e até, segundo crêem, ter seu uso completamente eliminado, pois não se utilizam de dados para fundamentar os argumentos contra a estimulação da visão. Porém, mesmo prescindindo desse aspecto, no artigo redigido por esses autores estão presentes discussões valiosas sobre o papel da maturação neurológica e dos procedimentos de estimulação da visão, sobre a necessidade de organizar ambientes com o intuito de encorajar comportamentos visuais já aprendidos a um conjunto de tarefas. Além disso, ressaltam que os procedimentos são, geralmente, desvinculados do ambiente cotidiano.

Dessa forma, percebe-se que decorridos mais de trinta anos após a proposta original de Barraga, justifica-se ainda desenvolver trabalhos de investigação visando avaliar a aquisição das funções visuais.

O que se sabe, sem dúvida, é que a visão é passível de aprimoramento, sendo, portanto, necessário estimulá-la o quanto antes. O que parece não ser possível afirmar é se as estratégias propostas por Barraga e colaboradores são, realmente, efetivas ou haveria outras, mais adequadas para levar ao aparecimento e manutenção de comportamentos visuais aplicáveis a tarefas específicas, porém não previsíveis, como as que caracterizam o dia-a-dia.

Evidentemente, o presente trabalho não permite discutir todas essas questões. No entanto, por ter vivenciado a experiência de proceder à estimulação da visão residual de *Alice*, o que pude constatar, tal como apresentado nos resultados, é que a criança desenvolveu habilidades visuais suficientes a ponto de capacitá-la também a realizar atividades típicas de situações de sala de aula de pré-escola.

Além da flexibilidade no uso do programa de Barraga e colaboradores, pareceu importante também essa mesma flexibilidade quanto à seleção e utilização de materiais, o que ocorreu tanto no atendimento individualizado como em sala de aula.

As sugestões apresentadas no programa foram bastante valiosas, porém evidenciou-se a necessidade de congregar todos os determinantes presentes na situação, tais como as características das habilidades de *Alice* (por exemplo, distância de aproximação dos objetos, nistagmo, ausência de coordenação binocular, perda de campo e acuidade visuais, fixação atípica para "escapar" das placas de cório localizadas no fundo do olho etc.), os materiais disponíveis nas situações, assim como a programação desenvolvida pela professora com sua turma de alunos. Nesse sentido, recursos bastante comuns e acessíveis no mercado ajustaram-se de maneira satisfatória às exigências explicitadas nos objetivos treinados.

Ante as diversas adaptações que foram incorporadas, caberia questionar se a flexibilização não teria, de fato, levado à construção de um novo programa com pouca coisa em comum com o original dos autores mencionados.

Analisando retrospectivamente a experiência de intervenção, parece adequado responder que não foi esse o caso: mesmo com adaptações, as diretrizes maiores do programa de Barraga foram mantidas. Para tanto, procurou-se sempre investigar as circunstâncias nas quais qualquer resposta ocorreu, sendo isso muito mais relevante do que apenas o registro sobre a ocorrência ou não dessa mesma resposta.

Dado o desenvolvimento observado no comportamento de *Alice*, há indícios de que, de fato, essas diretrizes maiores, representadas pelas funções ópticas e perceptivas, são um referencial valioso para uso com pessoas com deficiências visuais diversas. Cabe, no entanto, ampliar preocupações com objetivo de incorporar uma organização do ambiente para encorajar a aplicação dos comportamentos visuais a situações outras, não similares às do treinamento. Além disso, cabe também analisar o treinamento como forma de detecção de informações que possibilitem compreender a atuação da criança em seu ambiente, suas necessidades e limitações.

Aliás, para efeito dessa compreensão, foi importante tomar como referência sempre o desempenho observado da própria criança, mas nunca a comparação entre ela e seus colegas, ou demais crianças. No caso de *Alice*, paulatinamente às modificações que foram ocorrendo no que se refere à sua capacidade para ver, evidenciaram-se, de maneira significativa e com a mesma intensidade, modificações de igual relevância no que concerne ao seu relacionamento com os objetos, com a professora, com a pesquisadora e com os outros alunos. Olhar, interpretar, reconhecer e dar *feedback* àquelas pessoas com as quais interagia representaram entrosamento e integração da criança com seus pares.

Foi possível perceber o quanto a ausência do *olhar para* isola uma determinada pessoa das demais. Na verdade, a impressão que se teve é que não eram os comportamentos atípicos, tais como "posições de cabeça", que dificultavam o entrosamento, mas sim o isolamento provocado pela ausência de contato visual que se apresentava no início do trabalho. Com o passar do tempo, essa situação modificou-se, evoluindo para um controle maior por parte de *Alice* sobre os movimentos de seus olhos, permitindo a ela manter esse olhar por períodos curtos de tempo, porém significativos para a interação social.

A intervenção individualizada teve por local específico uma sala improvisada para esse fim, nas dependências do CER. Porém, a intervenção não ficou restrita a esse espaço e nem a um dia por semana.

Em razão do bom entrosamento com a professora da classe, que manifestou interesse em realizar as adaptações que se fizeram necessárias para a condução das atividades em sala de aula, a estimulação da visão residual de *Alice* deu-se nos diversos espaços do estabelecimento escolar, especialmente sala de aula, sala de multimeios,[1] local em que estão organizados diversos espaços de recreação e um parque.

Certamente com um rigor menor, com um controle mais restrito sobre as interferências, nesses ambientes, a vantagem era justamente de poder contar com variações às quais *Alice* era incentivada a responder.

Assim, atitudes como a de ir até a escola semanalmente, conversar com a professora, discutirmos juntas para proceder, avaliar retroativamente os exercícios e ajudar a planejar algumas estratégias com base nas análises feitas, foram as principais vantagens de realizar o treinamento nesse mesmo espaço.

Nesse sentido, parece que, de fato, embora as informações pertinentes ao presente trabalho sejam insuficientes para explicitar o processo de generalização das funções ópticas e perceptivas para diferentes contextos, algumas pistas sugerem que, para que haja a referida generalização de funções, ela deve ser programada, estimulada ou incentivada a ocorrer. O fato, por si só, de realizar treinamento para estimulação da função visual parece não garantir a transferência dos ganhos a todas as situações possíveis, como se constatou quando da interrupção do treinamento, no decorrer do segundo semestre. Como exemplo, pôde-se observar uma redução da fixação e do seguimento, especialmente quando no ambiente natural diferentes acontecimentos ocorrem simultaneamente, dificultando a escolha ou seleção daquilo que representa o foco de atenção. Para haver generalização e a manutenção das funções recém-adquiridas, seria necessário planejar também o ambiente a

---

1 Sala de multimeios: designação utilizada no estabelecimento escolar para se referir à sala em que estão organizados diversos espaços de recreação para serem vivenciados de diferentes formas e com diferentes objetivos. Exemplos: brinquedos, casinha, televisão e vídeo, baú com roupas para representações, fantoches etc.

fim de que esse mesmo ambiente fosse capaz de propiciar a fixação e o seguimento em condições cada vez menos planejadas ou estruturadas.

Portanto, o fato de usar o mesmo ambiente e, além disso, compartilhar com a professora todos os passos do programa de maneira a ajustá-los à programação de sala de aula, possibilitou a aprendizagem, generalização e manutenção no repertório da criança das habilidades que estavam sendo trabalhadas.

Em síntese, o treino visual, embora indispensável, pareceu, isoladamente, ser insuficiente para garantir a generalização e manutenção das habilidades. A sala de aula, por sua vez, viabilizava essas possibilidades, dada a confluência de interesses existente entre as duas situações. Cada uma delas parecia ser necessária como tal, viabilizando simultaneamente autonomia e unidade de propósitos.

Trabalhar com a professora de *Alice* foi, sem dúvida, uma sorte e um prazer. Independente de suas qualidades pessoais, a disposição manifesta por ela de enfrentar o que chamou de "desafio" para aquele momento profissional foi de significativa importância, pois representou garantia de que o treinamento específico, realizado por uma pessoa externa à escola e, portanto, que não poderia perdurar, permaneceria por intermédio de sua atuação.

Ao longo do ano, a professora nunca ficou apartada do trabalho que estava sendo feito individualmente com sua aluna. Pelo contrário, todos os passos do treinamento e seus objetivos tinham correspondentes em sala de aula, por meio de atividades, tarefas e exercícios que ali eram realizados.

As primeiras dificuldades verbalizadas pela professora no começo do ano diziam respeito a dois temas principais: saber qual era a capacidade de visão dessa aluna e a questão dos fundamentos necessários para definir a programação de ensino.

Sobre o primeiro desses tópicos, foi bastante interessante perceber quais eram as concepções iniciais da professora a respeito de deficiência visual e das necessidades das pessoas portadoras dessa condição.

A designação – deficiência visual: visão subnormal ou baixa de visão – fazia com que ela pensasse a criança como deficiente visual quase total. Nessa linha de pensamento, suas primeiras atitudes foram de observação do comportamento da aluna para, com base nisso, definir como poderia ser sua atuação. Os primeiros dados úteis para tal, porém, começaram a emergir a partir do momento em que a necessidade foi invertida e a professora começou a intervir para poder observar como essa aluna se portava ou reagia diante do que lhe era apresentado.

Só o fato de agir dessa forma já mostrou à professora que ela poderia ensinar a criança, mesmo prescindindo da formação na área. Para tanto, seria de extrema importância observar a criança como fornecedora de dados para formular hipóteses norteadoras de decisões a serem implementadas e testadas.

Pouco a pouco as pré-concepções dessa professora foram sendo modificadas e substituídas por informações provenientes dos fatos. O diagnóstico elaborado para o caso de *Alice* indicava que a criança possuía visão a distância muito limitada, mas que a visão de perto poderia ser explorada. Esse foi o primeiro aspecto discutido com a professora: era necessário entender que tanto a visão de perto como a de longe podem apresentar possibilidades bastante diferentes e que, como tal, devem ser trabalhadas, desenvolvidas e utilizadas de acordo com essas características.

Alice precisaria ser incentivada a exercitar suas funções visuais e, o mais importante, a *interpretar* as informações decorrentes dessas experiências.

O diagnóstico mostrava também que havia lesões no fundo de olho e que, nesse caso, os comportamentos atípicos da aluna representavam tentativas para melhorar a acuidade visual. Discutiu-se também que, por essa razão, qualquer recurso óptico não seria viável. *Alice* não poderia beneficiar-se do uso de óculos.

O que pareceu mais importante, no entanto, foi analisar com a professora as limitações provenientes do diagnóstico. Naquele momento, com os recursos disponíveis e a capacidade de informar demonstrada pela criança, somente aqueles dados iniciais estavam disponíveis. Caberia sim, à estimulação, trazer ao conhecimento uma melhor compreensão do comportamento e das dificuldades de *Alice* para enxergar.

Gradualmente a docente foi compreendendo que campo visual, acuidade visual e visão binocular são aspectos relacionados, mas que podem estar comprometidos de forma distinta e que, além disso, o ambiente, por meio de variáveis tais como quantidade de luz e tamanho dos materiais, interfere na qualidade da resposta.

Em termos da capacidade de visão da aluna, a professora foi aprendendo a interpretar o comportamento de *Alice* e depreender dele aquelas informações que lhe fossem significativas para, até, estabelecer algumas metas de ensino. Por exemplo, em relação às atividades, a professora se utilizou de outras informações, como as de natureza tátil, para estabelecer uma estratégia inicial que, num processo programado de retirada progressiva, foi dando lugar às informações de natureza visual que *Alice* pudesse perceber. Dessa forma, a partir da observação do comportamento da criança tentamos – pesquisadora e professora – compor o quadro de como a criança enxergava, para definir o *que* e *como* estimular.

Por essa experiência, pareceu ser perfeitamente possível que a professora diversificasse seus conhecimentos por meio de ações desenvolvidas em serviço, incorporando noções relativas à área visual. Aliás, em nosso país, esse seria um procedimento bastante eficiente, dada a carência de instâncias formadoras de recursos humanos.

Assim, em relação aos fundamentos necessários para definir a programação visando ao desenvolvimento das funções visuais, a questão das concepções acerca da deficiência visual novamente apareceu de maneira clara. Inicialmente a professora imaginou que *Alice* usaria preponderantemente o tato e que a possibilidade de ver estaria na dependência exclusiva da variável *tamanho*: tudo aquilo que se quisesse mostrar a ela (figuras e objetos) deveria ser *grande*.

Distância mais adequada para apresentação do estímulo, posição, iluminação, fundo, contraste, clareza e definição de detalhes, cores, quantidade de vezes e tempo de exposição foram algumas variáveis incorporadas gradualmente ao planejamento. Dessa forma, essa professora que tinha receio *do novo*, que acreditava que nada sabia, por sua vontade de aprender começou a criar de maneira bastante profícua, com base nas informações que lhe foram postas à disposição.

Ela compreendeu também a necessidade de, ao lidar com material que exige discriminação visual, estar atenta para o seguinte ponto: o aprendiz não consegue responder porque não consegue discriminar entre diferentes estímulos (embora tenha condições fisiológicas para tal), ou porque ele não tem possibilidade física de perceber as diferenças que devem constituir a base das discriminações? Por exemplo, como o centro da retina da criança estava lesado, ela não tinha cones funcionais e, portanto, apresentava dificuldade para distinguir cores.

Outro aspecto a ser destacado é que no decorrer do ano letivo, ao mesmo tempo que procurava não se descuidar do atendimento às necessidades específicas de *Alice*, a professora levava em conta também as exigências mais gerais, comuns a todas as crianças e que igualmente precisavam ser atendidas.

Embora ela fosse a única aluna do grupo que necessitasse de treinamento para a visão, não era intenção da professora torná-la uma exceção. Por essa razão, o trabalho eminentemente visual foi desenvolvido em um ambiente próprio para esse fim, visto que o ocorrido em sala de aula destinava-se ao aprimoramento e manutenção das aquisições feitas. As tarefas que lhe eram propostas em sala, na medida do possível, eram equivalentes àquelas solicitadas às demais crianças, ainda que feitas com materiais adaptados às suas necessidades.

À medida que o processo se desenvolveu, as "distâncias" entre as duas situações – a individualizada, com a pesquisadora, e a coletiva, em sala de aula com a professora – diminuíram, especialmente quando os objetivos concentraram-se na área viso-motora. Dessa forma, com os progressos obtidos na situação individualizada levando ao treinamento de funções mais complexas, cada vez mais a professora envolveu-se com o que ocorria e, sem dúvida, foi uma das razões pelas quais não as aquisições, mas sim as generalizações dos comportamentos tenham ocorrido de maneira eficiente, nos limites das possibilidades físicas ou orgânicas.

Uma idéia que talvez possa ser usada para ilustrar ou representar simbolicamente a deficiência visual é aquela na qual existe uma *caixa preta*, completamente vedada, cujo conteúdo é inacessível para o observador e, portanto, desconhecido, a menos que ele a manuseie, a fim de identificar a natureza do que está em seu interior. Somente esse contato levará ao conhecimento do que contém a caixa. A observação, *per si*, por melhor, mais prolongada e criteriosa que seja, não poderá desvendar quais as possibilidades dessa caixa preta. Será necessário intervir.

Assim como na analogia, no caso de limitações visuais de crianças, em especial daquelas não submetidas a estimulação específica e intencional, seria aconselhável realizar avaliações funcionais da visão, pois estas permitem gerar informações que procedem, ou resultam, do desempenho.

Seja no caso de uma avaliação funcional, seja no de uma avaliação clínica, em que são reunidas informações descritivas, porém baseadas em parâmetros quantitativos, como a medida da acuidade visual, a obtenção destas só será possível se a criança dispuser de condições, tanto no que se refere à capacidade de usar a visão, quanto na de fornecer informações sobre aquilo que lhe está sendo solicitado.

Por razões como essa, é importante que os profissionais envolvidos no trabalho com pessoas portadoras de deficiência visual saibam que somente o desenvolvimento da eficiência visual, por meio do controle exercido sobre sua utilização, permite *avaliar* quais as reais possibilidades em nível de recepção, condução, decodificação, interpretação, compreensão e utilização de informações visuais.

Qualquer análise, portanto, mesmo que funcional, realizada no princípio de um trabalho de treinamento de pessoas com baixa de visão, deverá ter caráter inicial, contribuindo para fornecer informações tomadas como ponto de partida, nunca de chegada.

Um outro ponto a ser examinado refere-se à primeira avaliação da pesquisadora de que o treinamento individualizado poderia ser interrompido, permanecendo apenas a estimulação propiciada pelo ambiente de sala de aula. Essa avaliação foi feita com base no bom desempenho de *Alice* nas duas situações. Porém, o que se constatou foi que ambos os trabalhos eram ainda imprescindíveis, e que a intervenção, tal como vinha ocorrendo, deveria ter se prolongado sem suspensão até que o ambiente, por si mesmo, fosse capaz de fornecer a estimulação necessária.

Tais discussões, porém, parecem não estar contempladas na literatura, de tal sorte que o profissional atuando com crianças com deficiência visual fica sujeito a interpretações errôneas sobre o trabalho.

Por força da pouca expectativa de competência para a aprendizagem que existe em relação aos portadores de deficiência, é mais provável que o insucesso no treino visual se justifique pelas limitações orgânicas dos participantes, e não por equívocos na programação. Nesse sentido, parece bastante significativo sugerir que sejam propostos e conduzidos trabalhos de pesquisa vários, dispostos a investigar a questão da generalização e novas aplicações das habilidades visuais desenvolvidas.

Talvez, então, com base no conhecimento gerado por essas investigações, seja possível chegar a uma conclusão a respeito das melhores ou mais adequadas condições para a promoção do desenvolvimento da eficiência visual e se é, realmente, necessário e conveniente tentar desenvolvê-la.

Nesse sentido, cabe reafirmar a necessidade de ampliação do conhecimento atualmente disponível. Se, nesses anos todos, as pesquisas não avançaram, não por essa razão dever-se-ia substituí-las. É preciso, sim, ir além do simples treino de habilidades visuais que ensinam a responder com comportamentos visuais específicos, segundo gerenciamento do ambiente, de modo a torná-lo encorajador para os comportamentos visuais, bem como pela aplicação de comportamentos visuais a tarefas novas.

A questão da generalização, conforme comentado anteriormente, parece ser crucial para o entendimento daquilo que se convencionou chamar de eficiência visual.

Pensando nas transformações que foram ocorrendo com *Alice* ao longo do período em que se desenvolveu este estudo, o brincar e a maneira de brincar são assuntos que merecem ser abordados.

Alguns autores têm se preocupado com a questão do brincar por parte da criança com deficiência e mostrado que atrasos em diversas áreas do desenvolvimento têm sido responsabilizados por afetar aquela habilidade, mas como decorrência da falta de experiências diversas ou deficiências na estimulação propiciada por adultos e pelo ambiente (Rettig, 1994; Schneekloth, 1989).

Interpretando todas as informações disponíveis sobre *Alice*, percebe-se que esse foi um aspecto importante para ela. Graças a um trabalho feito pela professora no decorrer daquele ano, procurando sempre estimular *Alice* a se envolver com jogos e brinquedos, a aluna aprendeu a brincar, inicialmente sozinha, depois paralelamente às demais crianças e, por fim, junto com outras crianças.

Esse processo foi, sem dúvida, reflexo de uma aprendizagem que, por sua vez, *realimentava* a própria aprendizagem, passando a um nível maior de complexidade.

Há autores que consideram que a ausência do brincar resulta em atrasos no desenvolvimento motor, cognitivo e de habilidades sociais, pela relutância que a criança apresenta em explorar o ambiente, pela automanipulação em lugar da manipulação do ambiente, por demonstrar imaturidade no comportamento de brincar e por desenvolver relacionamentos limitados e/ou estereotipados com pessoas e com o ambiente (Schneekloth, 1989).

Assim, a maneira como a criança deficiente visual brinca é, por si só, diferente, ou seja, seu estilo de brincar é diferente daquele de uma criança sem essa deficiência. Geralmente a criança com deficiência visual passa mais tempo sozinha, ou com adultos, do que as crianças videntes e, além disso, envolve-se freqüentemente em estereotipias. Para ela, brincar com outra criança é um desafio, bem como o brinquedo imaginativo. No brinquedo simbólico, em que a linguagem é importante, a criança pode expressar uma dificuldade básica para a compreensão das expressões *eu* e *não*, mostrando-se pouco imaginativa e criativa.

Em relação ao brincar, em geral a criança com deficiência visual usa mais sua linguagem para obter informações dos adultos, ao passo que a criança que enxerga prioriza mais o uso da linguagem para relacionar objetos a situações familiares ou referir-se a experiências passadas.

A criança deficiente visual manifesta maior interesse pelo seu corpo do que pelo ambiente, e isso constitui um determinante significativo, pois a habilidade exploratória tem sido considerada, na literatura, como precursora das habilidades de brincar (Rettig, 1994).

Aprender a brincar para a criança deficiente visual não é a mesma coisa que aprender a brincar para a criança vidente. Ter aprendido a brincar, também, tem implicações diferentes para os dois grupos, embora todas as crianças tenham o direito de desfrutar das mesmas oportunidades de brincar.

Fazendo referência a *Alice*, utilizar proveitosamente informações de natureza visual foi um dos aspectos importantes para integrá-la aos demais alunos e, sem dúvida, brincar de maneira engajada foi uma estratégia importante para isso. Por sua vez, certos objetivos presentes no programa de estimulação da visão residual puderam ser treinados em situações recreativas.

Dessa forma, brincar mostrou-se uma aprendizagem e uma estratégia, ambas importantes para a aprendizagem e o desenvolvimento de *Alice*.

Para finalizar, seria importante discutir ainda alguns outros aspectos, mais amplos, porém não menos importantes do que aqueles até aqui apresentados.

A experiência de trabalhar diretamente com *Alice*, bem como acompanhá-la durante o ano letivo que permaneceu como aluna do programa de educação especial da prefeitura de Araraquara, foi de grande valia.

O trabalho desenvolvido permitiu identificar e analisar certas questões, conhecer e compreender outras. Porém, permitiu também "iluminar" aspectos cujo detalhamento não seria viável e nem desejável no âmbito dessa pesquisa, mas, quiçá, de outras.

Consciente, portanto, das dimensões, do alcance e das limitações do estudo aqui apresentado, algumas conclusões acerca do atendimento à criança com deficiência visual poderiam vir expressas por meio de recomendações gerais.

A principal delas parece ser, confirmando a literatura, a de que a eficiência visual é passível de aprimoramento sim, mas que, desafortunadamente, essa possibilidade de eficiência torna-se cada vez menor, à medida que a criança fica mais velha. Por essa razão, a intervenção deveria começar o mais cedo possível, tomando o cuidado de considerar que o desenvolvimento da criança deficiente visual não deve tentar ser equiparado, igualado ao da criança que enxerga. Existem especificidades em cada um deles, bem como de criança para criança.

Procedimentos gerais, portanto, são valiosos desde que sejam flexíveis a ponto de permitir adaptações que dêem conta de atender às necessidades individuais da criança com que se esteja trabalhando.

Mesmo assim, faltam ainda elementos mais conclusivos a respeito de possibilidades de generalização dos objetivos alcançados para situações dinâmicas e não previsíveis, como são as que caracterizam as atividades do cotidiano doméstico e escolar.

A realização do treinamento de visão subnormal no estabelecimento escolar parece ter sido uma decisão acertada. Contudo, apenas essa proximidade pareceu não ser suficiente para garantir o desenvolvimento e, depois, a manutenção do uso funcional da visão. Aliás, a condição de eficiência visual deveria referir-se à aquisição e utilização das funções visuais em situações as mais diversificadas possíveis.

A heterogeneidade de habilidades, materiais e maneiras de empregá-los não poderia ser reduzida à própria estratégia de intervenção e esta, por sua vez, pensada como um mero tecnicismo.

> Em outras palavras, se o "indivíduo deficiente" – sua mente, inteligência ou o que quer que seja – é pensado nos moldes de um músculo atrofiado por falta de uso, então, deve-se estimulá-lo mecânica e linearmente até conseguir que o resto de eficiência que porventura vier a existir consiga manifestar-se e retomar, assim, a trilha do "desenvolvimento natural" da qual nunca deveria ter saído. (Lajonquière, 1994, p.307)

Essa maneira de enfrentar a deficiência sensorial propicia que os indivíduos sejam anulados e as próprias deficiências, "reduzidas a uma função, até certo ponto inábil, que faz de 'seu portador' um objeto treinável" (Ibidem, p.317-8).

Para se contrapor à problemática da área levantada por Lajonquière é que, acredita-se, o espaço escolar deve constituir-se em algo a ser amplamente utilizado.

Porém, se já são em número reduzidíssimo, as chances de encontrar profissionais com formação em deficiência visual nesses espaços da escola comum são muito pequenas. Como pensar, então, a questão de conciliar esses dois aspectos?

Pela experiência vivenciada com *Alice* e sua professora, parece que, em princípio, qualquer professor sem formação específica em ensino de deficientes visuais poderia receber uma criança com visão subnormal em sua classe comum, desde que dispusesse de informações minimamente suficientes para garantir a proposição racional e gradativa de objetivos para o trabalho a ser desenvolvido.

Essa poderia ser uma estratégia para tentar, em nosso país, manter crianças com visão subnormal em classes comuns ou especiais, dependendo da necessidade.

Ao enfatizar essa integração, em que algumas responsabilidades adicionais passariam a ser de competência do professor, não se pretende, de modo algum, diminuir a importância de se trabalhar com acompanhamento da área médica. São esses profissionais que fazem diagnóstico, avaliação clínica, prescrição e adaptação de auxílios ópticos, eventualmente cirurgias e seguimento do caso, obviamente responsáveis por atividades imprescindíveis para um bom atendimento à criança com problemas visuais.

Por um conjunto de fatores, no entanto, nem sempre tais condições estão disponíveis e, nesse caso, o que pode o professor fazer na impossibilidade de contar com informações tão importantes?

À luz da experiência empreendida com *Alice*, parece ser significativo enfatizar que esse professor não poderá prescindir da consulta médica. Ela é indispensável. Contudo, em caso de não ser possível realizar um acompanhamento, o professor poderá valer-se de observações da avaliação funcional da criança e, com base nelas, tentar obter informações sobre as características da visão dessa criança: ela responde a estímulos, mesmo que sejam apenas àqueles considerados "poderosos"; a que distâncias; há nistagmo; há aproximação, é necessário aumentar o contraste; é preciso usar o recurso da iluminação, informações táteis usadas associadamente são úteis?

Esses são alguns exemplos de aspectos a serem observados e, como tal, deverão ser explicitados em relatório para o médico oftalmologista.

Essa atitude, talvez, consiga minimizar os efeitos do não-acompanhamento constante e sistemático da criança, por fornecer dados importantes para o médico no momento da nova consulta, se houver. Porém, trabalhar com portadores de deficiência visual isoladamente, com certeza, não é um procedimento adequado e satisfatório.

Seria importante que os municípios assumissem a responsabilidade de contratar oftalmologistas e ortoptistas preparados para atender à visão subnormal nas unidades básicas de saúde. Seria fundamental, também, que tais profissionais dessem especial atenção ao atendimento das crianças em idade pré-escolar, fortalecendo o vínculo com os estabelecimentos prestadores de serviços de educação infantil.

Infelizmente, por desconhecimento, administradores, tais como secretários municipais ou diretores de departamentos, julgam essa área de atendimento não prioritária e preferem, tal como acontece na cidade de Araraquara, priorizar as crianças em idade escolar (acima dos sete anos), quando supostamente elas serão realmente solicitadas a usar a visão para enxergar na lousa, por exemplo. Nesse momento já se terá perdido um tempo valioso, necessário para colocar essa criança em condições de acompanhar a escola, ao lado de seus pares, e com menores chances de fracasso.

A intervenção realizada com *Alice*, uma criança com nível severo de redução de sua capacidade visual, mostrou os benefícios de direcionar a atenção para os anos pré-escolares, momento importantíssimo, em que as dificuldades nem sempre são notadas pelos pais e mesmo por professores. Portanto, caberia aos provedores de serviços o papel de organizar o atendimento para que dele se tirasse o maior benefício possível.

Um outro ponto a ser lembrado diz respeito à necessidade que a área da deficiência visual tem de que sejam ampliados os conhecimentos a ela referentes. E ampliar engloba produzir e divulgar conhecimentos em todas as regiões do país, pois a carência é generalizada. Iniciativas pontuais, mesmo que de excelente qualidade, não têm sido suficientes para influir nas necessidades mais gerais da população, pois, para tanto, seria necessário contar com políticas sociais públicas bem definidas.

Além disso, como assinalado anteriormente, faz-se importante alargar conhecimentos sobre condições que nos dizem respeito, como exemplo a toxoplasmose congênita, já bastante estudada por pesquisadores da área da saúde, mas com a necessidade de estabelecer uma inter-relação com pesquisas preocupadas em começar a preencher a grande lacuna existente na esfera da educação de crianças portadoras de seqüelas dessa patologia em nosso país.

Ao concluir o presente trabalho, minha expectativa é de ter principiado passos nessa direção.

À sociedade em geral, e à escola em particular, cabe a responsabilidade para com os deficientes visuais de propiciar-lhes as condições para que possam usufruir, da maneira mais ampla possível, e por seus próprios meios, das atividades comuns à vida das pessoas do seu tempo.

REFERÊNCIAS BIBLIOGRÁFICAS

ANNUNCIATO, N. F. O processo plástico do sistema nervoso. *Temas sobre desenvolvimento (São Paulo)*, v.3, n.17, p.4-12, 1994.
BARRAGA, N. C. *Increased visual behavior in low vision children*. 2.ed. New York: American Foundation for the Blind, 1977. 180p.
_____. Perspectives on working with visually impaired persons worldwide: looking forward. *Journal of Visual Impairment & Blindnees (New York)*, p.84-7, Jan. 1989.
BARRAGA, N. C., COLLINS, M. E. Development of efficiency in visual functioning: rationale for a comprehensive program. p.121-6, 1979.
_____. Development of efficiency in visual functioning: an evaluation process. *Journal of Visual Impairment & Blindness (New York)*, p.93-6, Mar. 1980.
BARRAGA, N. C., MORRIS, J. E. *Programa para desenvolver a eficiência no funcionamento visual*: guia para planejamento das lições. Trad. Jurema L. Venturini et al. São Paulo: Fundação para o Livro do Cego no Brasil, 1985. 258p.
BARRAGA, N. C., COLLINS, M. E., HOLLIS, J. Development of efficiency in visual functioning: a literature analysis. *Journal of Visual Impairment & Blindness (New York)*, p.387-91, Nov. 1977.
_____. *Programa para desenvolver a eficiência no funcionamento visual*: livro de informações sobre visão subnormal. Trad. Jurema L. Venturini et al. São Paulo: Fundação para o Livro do Cego no Brasil, 1985. 166p.
BINA, M. A profissional point of view from a personal perspective: an interview with Dr. Natalie Barraga. *Education of the Visually Handicapped (Washington)*, v.17, n.2, p.43-58, summer, 1985.

BRUNO, M. M. G. *O desenvolvimento integral do portador de deficiência visual*: da intervenção precoce à integração escolar. São Paulo: Newswork, 1993. 144p.

BUENO, J. G. S. *Educação especial brasileira*: integração/segregação do aluno diferente. São Paulo: Educ, 1993. 150p.

CAIADO, K. R. M. Breve histórico da concepção de deficiência mental: da marca orgânica à marca intelectual. *Temas sobre desenvolvimento (São Paulo)*, v.5, n.28, p.34-9, 1996.

CARVALHO, R. E. Panorama internacional da integração: enfoque nacional. *Integração (Brasília)*, n.11, p.9-13, 1994.

CONROD, B. E., BROSS, M., WHITE, C. W. Active and passive perceptual learning in the visually impaired. *Journal of Visual Impairment & Blindness (New York)*, p.528-31, Jan. 1986.

CORN, A. L. Visual function: a theoretical model for individuals with low vision. *Journal of Visual Impairment & Blindness (New York)*, p.373-7, Oct. 1983.

_____. Instruction in the use of vision for children and adults with low vision: a proposed program model. *RE:view*, v.21, n.1, p.26-38, 1989.

COTE, K. S., SMITH, A. Assessment of the multiply handicapped. In: JOSE, R. T. (Ed.) *Understanding Low Vision*. 3.ed. New York: American Foundation for the Blind, 1989. p.379-402.

DURANT, W. *História da filosofia*: vida e idéia dos grandes filósofos. Trad. Godofredo Rangel e Monteiro Lobato. 10.ed. São Paulo: Companhia Editora Nacional, 1959, v.1, 238p.

ELONEN, A. S., POLZIEN, M., ZWARENSTEYN, S. B. The "uncommitted" blind child: Results of intensive training of children formerly committed to institutions for the retarded. *Exceptional Children (Reston)*, v.33, n.5, p.301-7, Jan. 1967.

FELLOWS, R. R. et al. A theoretical approach to vision stimulation. *Journal of Visual Impairment & Blindness (New York)*, p.907-9, Oct. 1986.

FERREIRA, J. R. *A exclusão da diferença*: a educação do portador de deficiência. Piracicaba: Unimep, 1993. 94p.

FERREL, K. A., MUIR, D. W. A call to end vision stimulation training. *Journal of Visual Impairment & Blindness (New York)*, v.90, n.5, p.364-6, Sept.-Oct. 1996.

GARCÍA SÁNCHEZ, J. La ceguera, su concepto en la história. *Perfiles, revista de la ONCE (Madrid)*, n.80, p.56, dic. 1992.

GARTNER, A., LIPSKY, D. K. Beyond special education: toward a quality system for all students. *Harvard Educational Review (Cambridge)*, v.57, n.4, p.367-95, Nov. 1987.

GOETZ, L., GEE, K. Teaching visual attention in functional contexts: acquisition and generalization of complex visual motor skill. *Journal of Visual Impairment & Blindness (New York)*, p.115-7, Mar. 1987.

GUESS, D. Mental retardation and blindness: a complex and relatively unexplored dyad. *Exceptional Children (Reston)*, p.471-9, Mar. 1967.

HARRELL, L., AKESON, N. *Preschool vision stimulation*: it's more than a flashlight! New York: American Foundation for the Blind, 1987. 49p.

HATLEN, P. H. A personal odyssey on schools for blind children. *Journal of Visual Impairment & Blindness (New York)*, p.171-4, Jun. 1993.

HIGINO, V. P. *De criança-padrão a adulto divergente*: estudos sobre o comportamento do deficiente visual. São Carlos, 1986. 185p. Dissertação (Mestrado em Educação) – Centro de Educação e Ciências Humanas, Universidade Federal de São Carlos.

HOFSTETTER, H. W. Efficacy of low vision services for visually impaired children. *Journal of Visual Impairment & Blindness (New York)*, v.85, n.1, p.20-3, Jan. 1991.

HUGONNIER-CLAYETTE, S. et al. *Deficiências visuais na criança*. Trad. Maria José Perillo Isaac. São Paulo: Manole, 1989. 103p.

HYVARINEN, L. *O desenvolvimento normal e anormal da visão*. Trad. S. Veitzman. São Paulo: s. d. 60p. (Mimeogr.).

JANNUZZI, G. *A luta pela educação do deficiente mental no Brasil*. São Paulo: Cortez, Autores Associados, 1985. 123p. (Educação especial).

JOSE, R. T. (Ed.) *Understanding low vision*. 3.ed. New York: American Foundation for the Blind, 1989. 555p.

JOSE, R. T., SMITH, A. J., SHANE, K. G. Evaluating and stimulating vision in the multiply impaired. *Journal of Visual Impairment & Blindness (New York)*, p.2-8, Jan. 1980.

KEPHART, N. *O aluno de aprendizagem lenta*. 2.ed. Porto Alegre: Artes Médicas, 1990. 354p.

LAJONQUIÈRE, L. de. Deficiências sensoriais e subjetividade: notas críticas à ideologia reabilitadora. *Educação e Sociedade*, n.48, p.304-25, 1994.

LANGLEY, B., DUBOSE, R. Functional vision screening for severely handicapped children. *The New Outlook for the Blind (New York)*, p.346-50, Oct. 1976.

LAWRENCE, M., LOVIE-KITCHIN, J., BROHIER, W. G. Low Vision: a working paper for the World Health Organization. *Journal of Visual Impairment & Blindness (New York)*, v.86, n.1, p.7-9, Jan. 1992.

LEGUIRE, L. E. et al. The CCH vision stimulation program for infants with low vision: preliminary results. *Journal of Visual Impairment & Blindness (New York)*, p.33-7, Jan. 1992.

MARQUES, U. R. B. *A medicalização da raça*: médicos, educadores e o discurso eugênico. Campinas: Editora da Unicamp, 1994. 166p.

MASINI, E. F. S. A educação do portador de deficiência visual: a perspectiva do vidente e do não vidente. In: ALENCAR, E. M. L. S. (Org.) *Tendências e desafios da educação especial*. Brasília: SEESP, 1994. 263p. (Atualidades Pedagógicas, 1).

MAZZOTTA, M. J. S. *Trabalho docente e formação de professores de educação especial*. São Paulo: EPU, 1993. 144p.

MENDES, E. G. *Deficiência mental*: a construção científica de um conceito e a realidade educacional. São Paulo, 1995. 387p. Tese (Doutorado em Psicologia) – Instituto de Psicologia, Universidade de São Paulo.

OMOTE, S. Deficiência e não-deficiência: recortes do mesmo tecido. *Revista Brasileira de Educação Especial (Piracicaba)*, v.1, n.2, p.65-73, 1994.

PARKER, S. *Convivendo com a cegueira*. Trad. N. Bolognini Jr. São Paulo: Scipione, 1994. 32p.

PESSOTTI, I. *Deficiência mental*: da superstição à ciência. São Paulo: T. A. Queiroz, Edusp, 1984. 206p.

PÖPPEL, E. Introductory remarks on neuronal mechanisms in visual restitution. *Human Neurobiology*, Verlag, v.1, p.301-2, 1982.

RETTIG, M. The play of young children with visual impairments: characteristics and interventions. *Journal of Visual Impairment & Blindness (New York)*, p.410-9, Sept.-Oct. 1994.

RIBAS, J. B. C. Deficiência: uma identidade social, cultural e institucionalmente construída. *Integração (Brasília)*, p.4-7, 1992.

ROCHA, H. H. P. *Imagens do analfabetismo*: a educação na perspectiva do olhar médico no Brasil dos anos 20. Campinas, 1995. 130p. Dissertação (Mestrado em Educação) – Faculdade de Educação, Universidade Estadual de Campinas.

ROGOW, S. Visual perceptual problems of visually impaired children with developmental disabilities. *RE:view*, v.24, n.2, p.57-64, 1992.

SÃO PAULO (Estado). Secretaria de Estado da Educação e Coordenadoria de Estudos e Normas Pedagógicas SE/CENP. *O deficiente visual na classe comum*. São Paulo, 1987. 55p.

SCHNEEKLOTH, L. H. Play environments for visually impaired children. *Journal of Visual Impairment & Blindness (New York)*, p.196-201, Apr. 1989.

SIMÕES, E. A. Q., TIEDEMANN, K. B. *Psicologia da percepção*. São Paulo: EPU, 1985. v.10-II, 123p.

SINGER, J. D., BUTTLER, J. A. The education for all handicapped children act: schools as agents of social reform. *Harvard Educational Review (Cambridge)*, v.57, n.2, p.125-52, May 1987.

SPIRES, R. Ocular toxoplasmosis. *Journal of Ophthalmic Nursing & Technology (Thorofare)*, v.12, n.4, p.175-8, 1993.

TELFORD, C. W., SAWREY, J. M. *O indivíduo excepcional*. 5.ed. Rio de Janeiro: Zahar Editores, 1984. 658p.

TUNES, E., RANGEL, R. B., SOUZA, J. A. Sobre a deficiência mental. *Integração (Brasília)*, n.10, p.10-2, 1993.

VEITZMAN, S. Avaliação da criança com deficiência visual. *Temas sobre Desenvolvimento (São Paulo)*, n.7, p.3-5, jul.-ago. 1992.

VIGOTSKI, L. S. Aprendizagem e desenvolvimento intelectual na idade escolar. In: VIGOTSKI, L. S., LURIA, A. R., LEONTIEV, A. N. *Linguagem, desenvolvimento e aprendizagem*. 2.ed. São Paulo: Icone, 1989. p.103-17.

WARREN, D. H. *Blindness and early childhood development*. 2. ed. New York: American Foundation for the Blind, 1984. 377p.

WORLD HEALTH ORGANIZATION (WHO). *Management of low vision in children*. Bangkok, 1992. 48p.

ANEXO

ROTEIRO PARA "AVALIAÇÃO FUNCIONAL DA VISÃO PARA CRIANÇAS COM DEFICIÊNCIA MENTAL SEVERA"

Instrumento desenvolvido por Beth Langley e Rebecca F. DuBose
Tradução da autora do presente estudo.

I – Presença e natureza das respostas visuais*
  a) Reação pupilar: ___P ___A ___E ___D
  b) Desequilíbrio muscular: ___P ___A ___E ___D
  c) Reflexo de piscar: ___P ___A ___E ___D
  d) Perda do campo visual: ___P ___A ___E ___D
  e) Perda do campo periférico: ___P ___A ___E ___D
  f) Campo visual de preferência: ___P ___A ___E ___D
  g) Olho de preferência: ___P ___A ___E ___D

II – Reação ao estímulo visual
  a) Comportamentos visuais inadequados: ___P ___A
  b) Habilidade em seguir: ___P ___A
    ___luz ___objetos: ___vertical ___circular
                       ___horizontal ___oblíqua
  c) Alcançar brinquedos: ___P ___A
    ___à sua frente ___à sua direita ___à sua esquerda
    ___acima do nível do olho ___abaixo do nível do olho

d) Mudança ou transferência de atenção: ___P ___A___
ambos os lados ___um lado ___E ___D
e) Habilidade exploratória: ___P ___A

III – Distância e tamanho de objetos e figuras
  a) Localizar objetos no chão: ___P ___A ___distância
     ___pregadores ou bombons ___blocos ___fichas
  b) Observar pequenos brinquedos (miniaturas): ___P ___A
     ___distância
  c) Observar brinquedos grandes: ___P ___A ___distância
  d) Emparelhar objetos: ___P ___A ___distância
     ___brinquedos grandes ___distância
     ___brinquedos pequenos ___distância

IV – Integração dos processos visuais e cognitivos
  a) Busca visual: ___P ___A
  b) Causalidade: ___P ___A
  c) Permanência do objeto: ___P ___A
  d) Conceito de objeto: ___P ___A
  e) Interesse (*means – ends*): ___P ___A

V – Integração dos processos visuais e motores
  a) Abordagem:
     1. prendedores: ___visual ___tátil ___muito ___pouco
     2. empilhar cones: ___visual ___tátil ___muito ___pouco
     3. montar quebra-cabeça: ___visual ___tátil ___muito ___pouco
     4. bancada: ___visual ___tátil ___muito ___pouco
     5. contas: ___visual ___tátil ___muito ___pouco
  a) Emparelhamento
     1. Blocos coloridos:
        ___emparelha ___não emparelha ___perto ___longe
     2. Formas:
        ___emparelha ___não emparelha ___perto ___longe
     3. Figuras:
        ___emparelha ___não emparelha ___perto ___longe

SOBRE O LIVRO

Formato: 14 x 21 cm
Mancha: 23 x 40 paicas
Tipologia: Classical Garamond 10/13
Papel: Offset 75 g/m² (miolo)
Cartão Supremo 250 g/m² (capa)
1ª *edição*: 2002

EQUIPE DE REALIZAÇÃO

Coordenação Geral
Sidnei Simonelli

Produção Gráfica
Anderson Nobara

Edição de Texto
Nelson Luís Barbosa (Assistente Editorial)
Carlos Villarruel (Preparação de Original)
Ada Santos Seles e
Fábio Gonçalves (Revisão)

Editoração Eletrônica
Lourdes Guacira da Silva Simonelli (Supervisão)
Edmílson Gonçalves (Diagramação)

Impresso nas oficinas da
Gráfica Palas Athena